Sekundarstufe

Gabriela Rosenwald

Stationenlernen Geschichte der Raumfahrt

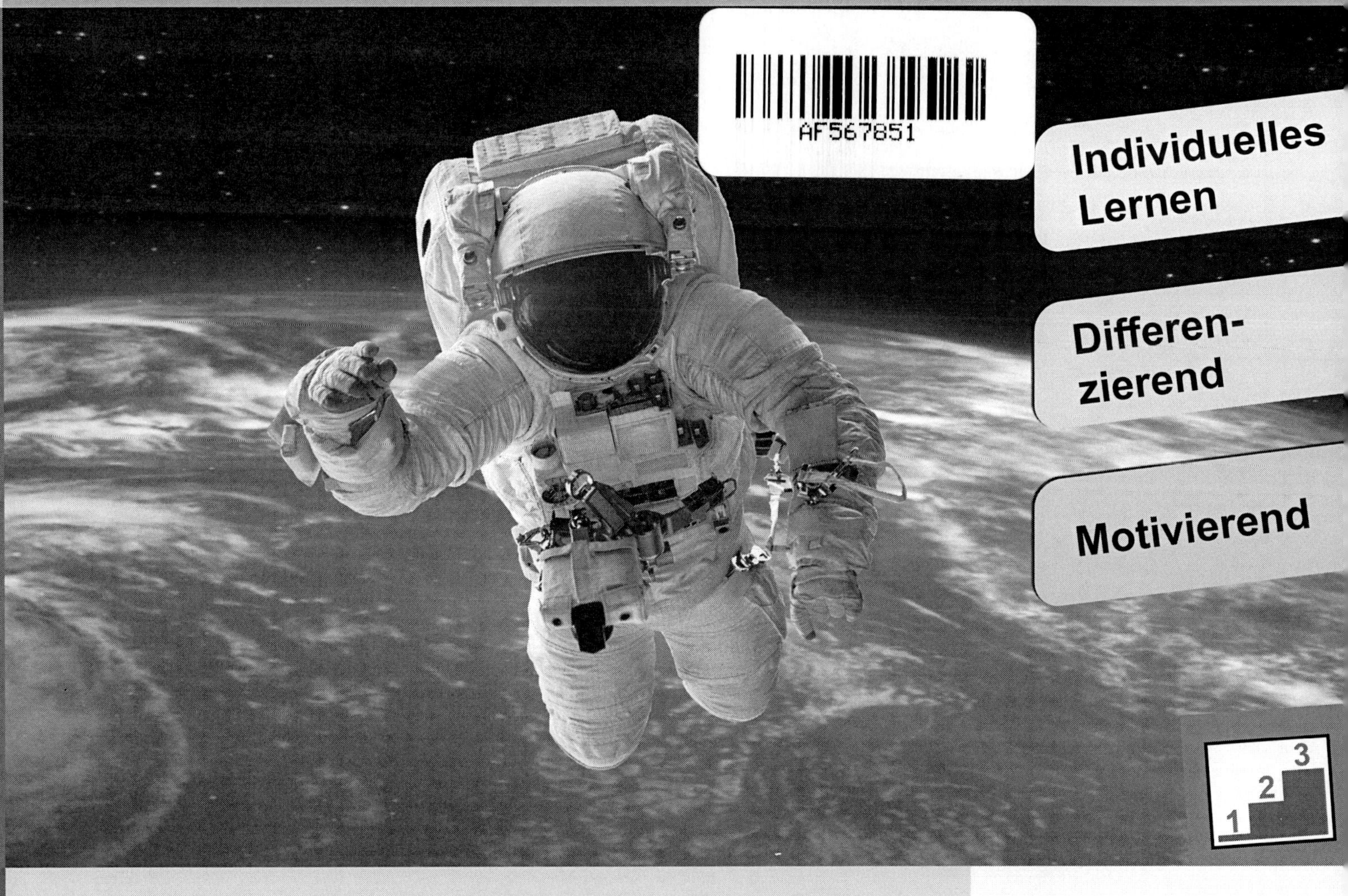

Individuelles Lernen

Differen-zierend

Motivierend

1 2 3

- Übersichtliche Aufgabenkarten
- Schnelle Vorbereitung
- Mit Lösungen zur Selbstkontrolle

www.kohlverlag.de

Stationenlernen Geschichte der Raumfahrt

1. Auflage 2022

Inhalt: Gabriela Rosenwald
Redaktion: Kohl-Verlag
Umschlagbild: © chathuporn - AdobeStock.com
Grafik & Satz: Eva-Maria Noack / Kohl-Verlag
Druck: farbo prepress GmbH, Köln

Bestell-Nr. 12 785

ISBN: 978-3-98558-181-8

Bildquellen © AdobeStock.com:

S. 5: Paopano; **S. 6**: artbalitzkiy; **S. 8**: Aris Suwanmalee; **S. 12**: D1min, Leigh Prather; **S. 14**: Archivist; **S. 15**: yuliya derbisheva; **S. 16**: Grand Reignhart; **S. 19**: alexlmx, sntpzh; **S. 20**: alexlmx, sntpzh; **S. 21**: alexlmx; **S. 22**: mari; **S. 23**: Studio Barcelona, alexlmx; **S. 24**: annekaffeekanne, Studio Barcelona, alexlmx; **S. 25**: Olesia_g; **S. 26**: rikkyal; **S. 27**: annekaffeekanne; **S. 30**: annekaffeekanne; **S. 32**: artowl; **S. 34**:annekaffeekanne; **S. 38**: annekaffeekanne; **S. 41**: vectortatu (bearb.), Tryfonov, Paulista; **S. 42**: vectortatu (bearb.); **S. 43**: anuwat; **S. 45**: Artisom P; **S. 46**: Vector Tradition; **S. 47**: Naj, ebenart; **S. 48**: Andrea, Jillian; **S. 49**: Vera; **S. 57**: dimazel; **S. 58**: dottedyeti; **S. 59**: matiasdelcarmine; **S. 60**: matiasdelcarmine; **S. 61**: dimazel; **S. 64**: rtype, Sergey Fedoskin; **S. 65**: merlin74, ne2pi; **S. 66**: phonlamaiphoto, dottedyeti, Vitalii; **S. 74**: Artsiom P; **S. 76**: studiostoks; **S. 80**: pict rider

Bildquellen © wikimedia.org:

S. 7: Wellcome Collection gallery; **S. 26**: NASA; **S. 28/29**: NASA, Life of Riley (translateed by Furfur); **S. 33:** NASA, ESA, the Hubble Heritage Team; **S. 35/36:** NASA; **S. 39**: NASA; **S. 40**: Stauriko; **S. 42**: ESO, Navicore; **S. 43**: ESA - Flickr Jürgen Mai; **S. 44**: NASA, Suruena; **S. 47**: Doll91939; **S. 48**: Doll91939; **S. 49**: P BAUDON - E PRIGENT_Flickr, NASA; **S. 50**: Pline, Onno, ww.kremlin.ru; **S. 51**: NASA; **S. 53**: NASA; **S. 54**: NASA; **S. 55**: NearEMPTiness, NASA; **S. 56**: NASA **S. 59**: NASA, Uzeyir Mikayilov; **S. 60**: Marina Plotnikova, Lapinov; **S. 62**: NASA; **S. 63**: NASA; **S. 68**: NASA, Irwin; **S. 69**: NASA, MSFC, SchuminWeb; **S. 70**: Leijurv, NASA; **S. 72**: NASA; **S. 73**: Paul Siebert, NASA Flickr; **S. 75**: Bundesarchiv, Bild 183-T0709-148 / Peter Koard / CC-BY-SA, NASA, DLR, StagiaireMGIMO

Inhalt

Stationsname	Niveau	Seite
Astronomie früher		**7-14**
Geschichte der Astronomie	⊙	7-8
Astronomen des Altertums	⊙	7-8
Nikolaus Kopernikus	⊙	9-10
Galileo Galilei	⊙	9-10
Johannes Kepler	⊙	11-12
Isaak Newton	!	11-12
Fotografie – Fotometer und Spektroskopie	!	13-14
Zusammenfassung	⊙	13-14
Das Sonnensystem		**15-24**
Der Mond	!	15-16
Besuche auf dem Mond	!	17-18
Die Planeten im Sonnensystem	!	19-20
Namen und Zeichen unserer Planeten, Sonne, Mond	⊙	21-22
Die Sonne	!	23-24
Entfernungen im Weltall	★	23-24

STATIONENLERNEN GESCHICHTE DER RAUMFAHRT
Kopiervorlagen zum Einsatz in der Sekundarstufe – Bestell-Nr. 12 785

Inhalt

Inhalt

Vorwort

Der erste Satellit in unserer Erdumlaufbahn, die erste erfolgreiche Landung auf dem Mond oder die aktuelle Marsmission der NASA: Die Menschheit war schon immer vom Weltraum und von den erfolgreichen Missionen fasziniert. Doch wie begann alles? Von den alten Astronomen bis zu NASA und ESA war es ein weiter Weg. Die Schüler erhalten hier einen Überblick der wichtigsten Ereignisse – von den Sternenforschern bis zu den Astronauten. Dazu müssen natürlich unser Sonnensystem und die „Technik" bekannt sein. Anhand übersichtlicher Aufgabenkarten lernen die Schüler an Stationen die Geschichte der Raumfahrt auf spannende und informative Art kennen.

Die Reihe zum Stationenlernen eignet sich hervorragend für heterogene Lerngruppen. Drei verschiedene Niveaustufen bieten innerhalb der Gruppe Differenzierung und werden somit auch den Anforderungen der GMS gerecht. Die Stationen sind im DIN A4- bzw. DIN A5-Format gehalten. Auf den Rückseiten befinden sich die Lösungen. Ein Lexikon komplettiert diese Seiten.

Die Stationskarten enthalten drei verschiedene Schwierigkeitsstufen:

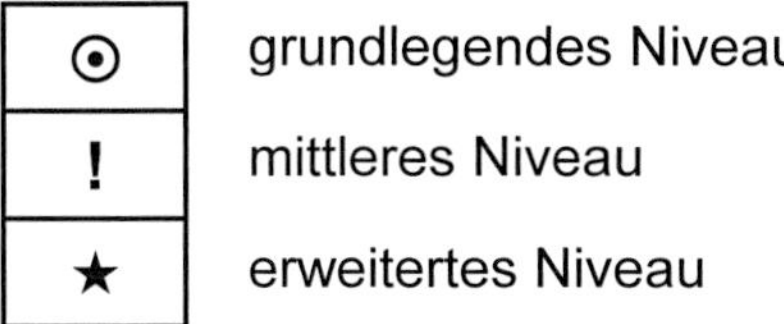

Viel Freude mit diesem spannenden Thema wünschen der Kohl-Verlag und

Gabriela Rosenwald

STATIONENLERNEN GESCHICHTE DER RAUMFAHRT
Kopiervorlagen zum Einsatz in der Sekundarstufe – Bestell-Nr. 12 785

Name: ____________________ Datum: ______________

Stationen-Laufzettel

⦿ Grundlegendes Niveau

Station	Stationsname	erledigt	korrigiert

! Mittleres Niveau

Station	Stationsname	erledigt	korrigiert

✶ Erweitertes Niveau

Station	Stationsname	erledigt	korrigiert

STATIONENLERNEN GESCHICHTE DER RAUMFAHRT
Kopiervorlagen zum Einsatz in der Sekundarstufe – Bestell-Nr. 12 785
KOHL VERLAG

Station – Astronomie früher

  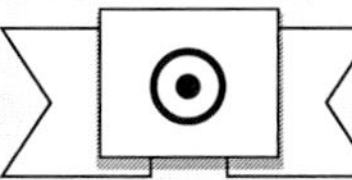

Geschichte der Astronomie

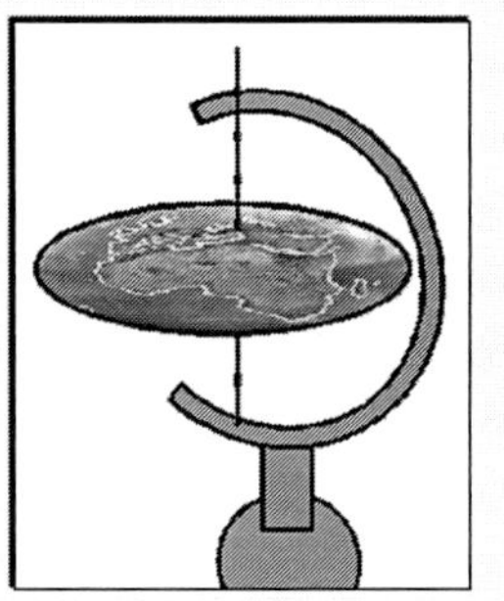

Vor Tausenden von Jahren meinten die Menschen, die Erde wäre eine flache Scheibe. Diese Scheibe stellten sie sich in drei Stockwerke aufgeteilt vor: In eine Unterwelt, in der lagen die Toten, in ein mittleres Stockwerk, in dem wohnten die Menschen, und schließlich in ein oberes Stockwerk als Ort für die Götter – das war der Himmel. Sie fuhren nicht weit auf das Meer hinaus, weil sie Angst hatten, von der Erde herunter zu fallen.

Schon in den ersten Hochkulturen wurde Astronomie betrieben, etwa in Babylonien, wo man ab 3.000 v. Chr. Sternkonstellationen beobachtete und diese auf Tontafeln festhielt. Leider sind viele der Tafeln verloren gegangen. Aber auch die alten Ägypter verfügten über Astronomiekenntnisse: Es konnte bereits ein Sonnenkalender erstellt werden.

Auch die Griechen und die Römer interessierten sich für das Weltall, die Planeten und die Sonne.

a) *Was glaubten die Menschen vor Tausenden von Jahren?*

b) *Wer interessierte sich in der Antike schon für die Astronomie?*

Station – Astronomie früher

  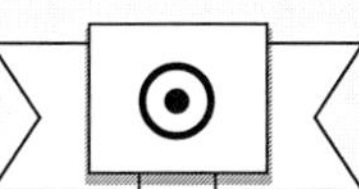

Astronomen des Altertums

Aristoteles
Der griechische Philosoph Aristoteles war schon vor über 2.000 Jahren überzeugt, dass die Erde eine Kugel sei. Er erklärte die Welt so: Um die Erde kreist alles, Sonne, Planeten, Mond und Sterne. Er teilte die Welt in „Sphären" (Kugelschalen), in denen die Himmelskörper ihre Bahnen ziehen. Aristoteles lebte im 4. Jahrhundert vor Christi.

Ptolemäus
Claudius Ptolemäus beschrieb um 150 das später nach ihm benannte geozentrische Weltbild mit mathematischen Formeln. Er schuf einen Atlas, der die ganze, zu seinen Lebzeiten bekannte Welt umfasste. Mit dem Modell ließen sich Planetenbahnen genau bestimmen. Das geozentrische Weltbild zählt noch heute zu den größten Leistungen der Wissenschaft.

a) *Was bedeutet das geozentrische Weltbild?*

b) *Was sind die Sphären?*

KOHL VERLAG STATIONENLERNEN GESCHICHTE DER RAUMFAHRT
Kopiervorlagen zum Einsatz in der Sekundarstufe – Bestell-Nr. 12 785

Station – Astronomie früher

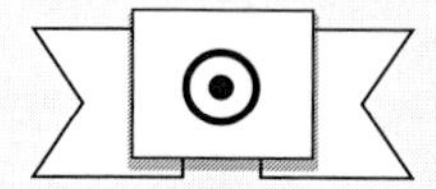

Lösung

Geschichte der Astronomie

a) Vor Tausenden von Jahren meinten die Menschen, die Erde wäre eine flache Scheibe.

b) Die Babylonier, Ägypter, Griechen und Römer interessierten sich für das Weltall, die Planeten und die Sonne.

STATIONENLERNEN GESCHICHTE DER RAUMFAHRT
Kopiervorlagen zum Einsatz in der Sekundarstufe – Bestell-Nr. 12 785
KOHL VERLAG

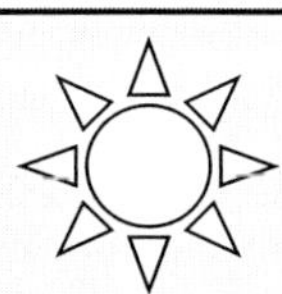

Station – Astronomie früher

Lösung

Astronomen des Altertums

a) Das geozentrische Weltbild setzt die Erde in den Mittelpunkt unseres Alls.

b) „Sphären“ sind Kugelschalen, in denen die Himmelskörper ihre Bahnen ziehen.

STATIONENLERNEN GESCHICHTE DER RAUMFAHRT
Kopiervorlagen zum Einsatz in der Sekundarstufe – Bestell-Nr. 12 785
KOHL VERLAG

Station – Astronomie früher

  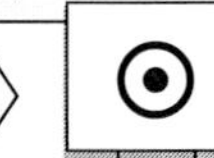

Nikolaus Kopernikus (1473 – 1543)

Nikolaus Kopernikus sah das alles anders als seine Vorgänger. Für ihn war die Sonne der Mittelpunkt. In seinem Hauptwerk „De Revolutionibus Orbium Coelestium“[1] rückte er die Sonne ins Zentrum und kann somit als Begründer des heliozentrischen Weltbilds angesehen werden. Diese Behauptung wurde aber nicht von der Kirche geglaubt – im Gegenteil. Denn dann sei ja die Erde ein Planet wie jeder andere auch, und das kann doch Gott nicht gewollt haben. Von da an galt es als Ketzerei[2], wenn man behauptete, die Sonne sei der Mittelpunkt und nicht die Erde.

a) *Welchen Unterschied gab es in Kopernikus Überlegungen zum Weltbild gegenüber seinen Vorgängern?*

b) *Wie sah die Kirche das neue Weltbild?*

c) *Wie hieß Kopernikus Hauptwerk?*

[1] (lat.: Über die Umschwünge der himmlischen Kreise) [2] Lehre, die von der offiziellen Kirchenlehre abweicht.

STATIONENLERNEN GESCHICHTE DER RAUMFAHRT
Kopiervorlagen zum Einsatz in der Sekundarstufe – Bestell-Nr. 12 785

Station – Astronomie früher

  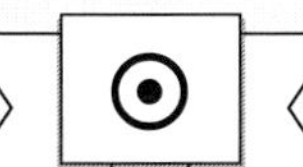

Galileo Galilei (1564 – 1642)

Galileo Galilei machte eine außerordentliche Entdeckung, die das Weltbild der Kirche gänzlich erschüttern sollte. Er bewies, dass sich die Erde um die Sonne dreht und nicht umgekehrt. Die Kirche wollte, dass Galilei seine Behauptungen leugnet. Weil er dies nicht tat, wurde er der Ketzerei angeklagt.
1610 entdeckte er mit einem Fernrohr vier Monde, die um den Jupiter kreisten. Bis zu diesem Zeitpunkt ging man noch davon aus, dass es nur einen Mond geben kann. Wenn sich alles in Schalen um die Erde drehte, dann aber nicht diese vier Monde. Sie müssten eigene Schalen um den Jupiter herum haben. Seine Entdeckungen wurden von Kepler bestätigt.

a) *Welche Entdeckung machte Galilei?*

b) *Welche Monde fand er mit seinem Fernrohr?*

STATIONENLERNEN GESCHICHTE DER RAUMFAHRT
Kopiervorlagen zum Einsatz in der Sekundarstufe – Bestell-Nr. 12 785

Station – Astronomie früher

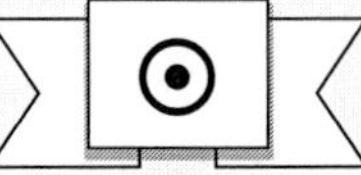

Lösung

Nikolaus Kopernikus (1473 – 1543)

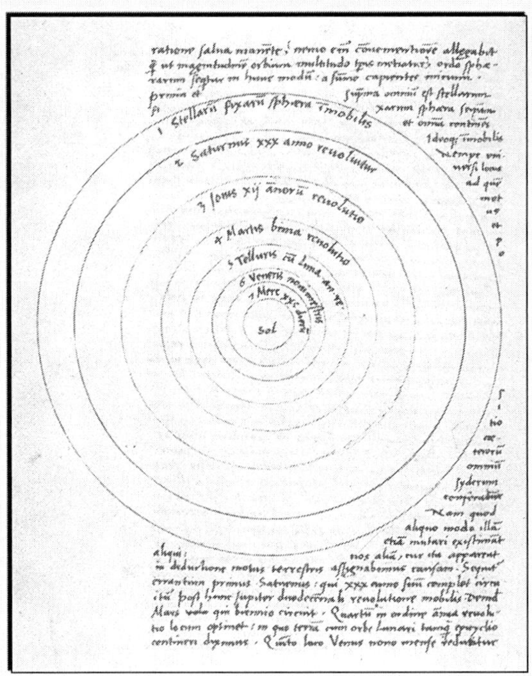

a) Für Kopernikus war die Sonne der Mittelpunkt des Universums, nicht die Erde.

b) Die Kirche dementierte diesen Fakt. Gott könne es nicht gewollt haben, dass die Erde ein Planet wie jeder andere sei.

c) Sein Hauptwerk war „De Revolutionibus Orbium Coelestium“ – Über die Umschwünge der himmlischen Kreise.

Station – Astronomie früher

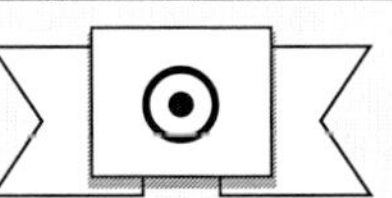

Lösung

Galileo Galilei (1564 – 1642)

a) Galilei bewies, dass die Erde sich um die Sonne drehte und nicht umgekehrt.

b) Mit seinem Fernrohr entdeckte er 4 Monde um den Jupiter.

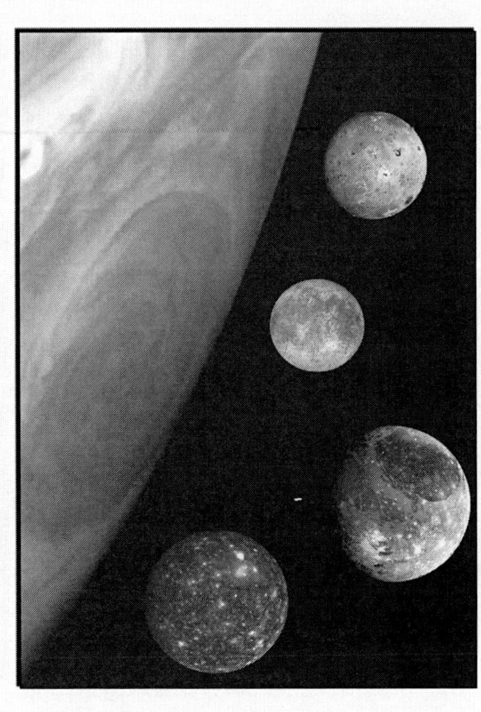

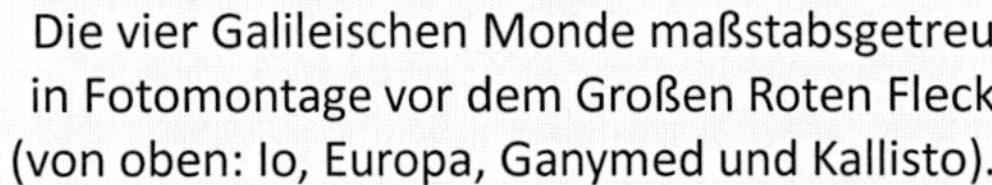

Die vier Galileischen Monde maßstabsgetreu in Fotomontage vor dem Großen Roten Fleck (von oben: Io, Europa, Ganymed und Kallisto).

STATIONENLERNEN GESCHICHTE DER RAUMFAHRT
Kopiervorlagen zum Einsatz in der Sekundarstufe – Bestell-Nr. 12 785
KOHL VERLAG

Station – Astronomie früher

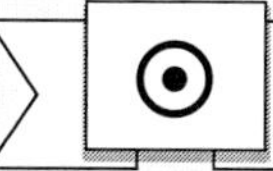

Johannes Kepler (1571 – 1630)

Johannes Kepler entdeckte durch seine Berechnungen, dass die Bahnen um die Sonne nicht kreisrund sind, wie angenommen, sondern Ellipsen. Alle Himmelskörper bewegen sich in solchen Ellipsen um die Sterne oder die Planeten. Kepler bestätigte Kopernikus, dass die Sonne in der Mitte der Ellipsen stehen müsste. Sie werden nach ihm Keplersche Gesetze genannt. Er bestätigte die Entdeckungen, die sein Zeitgenosse Galileo Galilei mit dem Teleskop gemacht hatte.

a) *Betrachte die beiden Weltbilder von Ptolomäus und und Kepler. Was hat sich geändert?*

b) *Welche Entdeckung machte Kepler?*

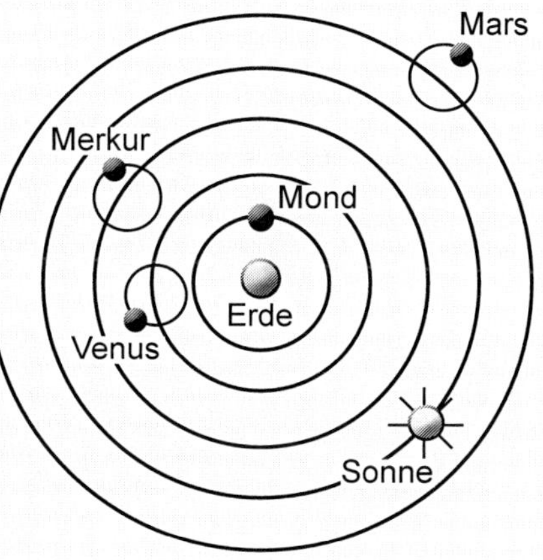

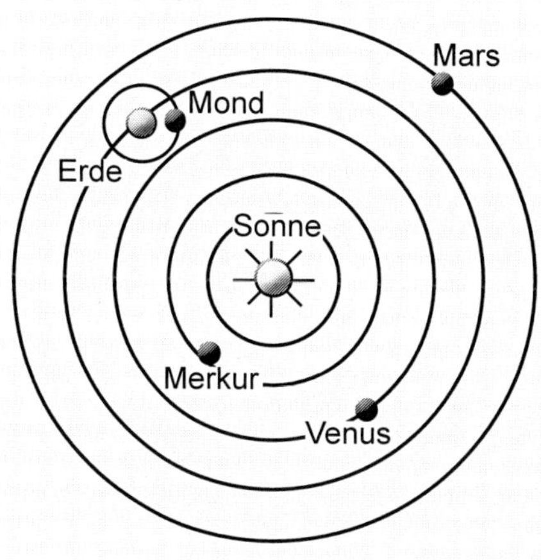

Station – Astronomie früher

Isaak Newton (1643 – 1727)

Isaak Newton war ein englischer Physiker, Mathematiker, Astronom, einer der bedeutendsten Naturwissenschaftler der Geschichte. Er versuchte zu erklären, warum die Himmelskörper am Himmel ihre Bahnen ziehen, wenn sie nicht fest in Kristallschalen hingen. Er entdeckte die Theorie der Schwerkraft, die Gravitation. Bewegung, Gewicht und Größe lassen die Planeten um die Sonne und die Monde um die Planeten kreisen. Die Kraft ihrer Bewegungen ist stärker als die Kraft der Sonne, aber nicht stark genug, um gänzlich aus dem Sonnensystem zu fliegen.

Forsche nach und notiere die drei Newtonschen Gesetze.

STATIONENLERNEN GESCHICHTE DER RAUMFAHRT
Kopiervorlagen zum Einsatz in der Sekundarstufe – Bestell-Nr. 12 785

Station – Astronomie früher

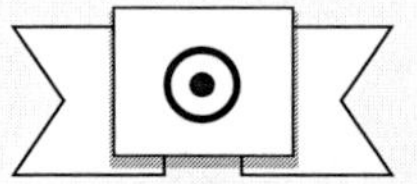

Lösung

Johannes Kepler (1571 – 1630)

a) Die Erde steht nicht mehr im Zentrum des Alls, sondern die Sonne.
Das Weltbild hat sich vom geozentrischen zum heliozentrischen gewandelt.

b) Im Jahr 1609 entdeckte Johannes Kepler, dass die Planeten auf elliptischen Bahnen um die Sonne herumlaufen – und nicht auf Kreisen, wie man bis dahin geglaubt hatte.

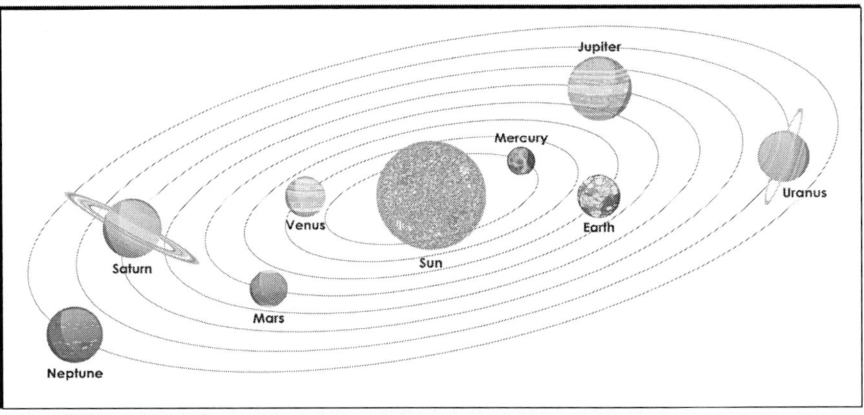

Station – Astronomie früher

Lösung

Isaak Newton (1643 – 1727)

Die 3 Newtonschen Gesetze

1. Ein kräftefreier Körper bleibt in Ruhe oder bewegt sich geradlinig mit konstanter Geschwindigkcit.
2. Kraft gleich Masse mal Beschleunigung.
3. Kraft gleich Gegenkraft: Eine Kraft von Körper A auf Körper B geht immer mit einer gleich großen, aber entgegen gerichteten Kraft von Körper B auf Körper A einher.

STATIONENLERNEN GESCHICHTE DER RAUMFAHRT
Kopiervorlagen zum Einsatz in der Sekundarstufe – Bestell-Nr. 12 785

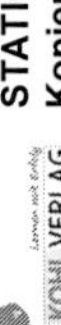

Station – Astronomie früher

Fotografie – Fotometer und Spektroskopie

Für den weiteren Weg der Astronomie waren drei Entwicklungen wichtig: erstens die Erfindung der Fotografie. Das durch ein Fernrohr Gesehene musste nicht mehr mühsam per Hand aufgezeichnet werden. Die Kameras in den Observatorien schufen völlig neue Arbeitsmöglichkeiten. Zweitens das Fotometer, mit dem man nun Sternhelligkeiten objektiv messen konnte und nicht mehr mit dem Auge abschätzen musste. Drittens die Spektroskopie, die ohne Fotografie nicht durchführbar wäre und die es erstmals ermöglichte, zusätzlich zur Position und Helligkeit eines Sterns auch Aussagen über seine physikalischen und chemischen Eigenschaften zu machen.

Ab der Mitte des 19. Jahrhunderts verbreitete sich dieser neue Wissenschaftszweig stetig über die ganze Welt. Knapp hundert Jahre später war die klassische Astronomie beinahe verdrängt.

Definiere die Begriffe „Fotografie“, „Photometer“ und „Spektroskopie“.

Station – Astronomie früher

Zusammenfassung

Notiere zu jedem der Astronomen, in welchen Jahrhunderten er lebte und welche bahnbrechende Entdeckung er machte.

Name	gelebt	Entdeckung
Ptolemäus		
Aristoteles		
Kopernikus		
Kepler		
Galilei		
Newton		

STATIONENLERNEN GESCHICHTE DER RAUMFAHRT
Kopiervorlagen zum Einsatz in der Sekundarstufe – Bestell-Nr. 12 785
KOHL VERLAG

Station – Astronomie früher

Lösung

Fotografie – Fotometer und Spektroskopie

Der Begriff Fotografie geht auf die beiden griechischen Wörter „photo“ und „graphein“ zurück. Sie bedeuten „Licht “und „schreiben“. Fotografie ist ein Sammelbegriff für Verfahren zur Herstellung von Bildern auf lichtempfindlichen Flächen oder eben heute digital.
Ein Photometer ist ein Instrument zur Messung photometrischer Größen, z. B. der Leuchtdichte oder Lichtstärke. In der Astronomie wird es zur Helligkeitsmessung der Himmelskörper eingesetzt.
Zu einer genauen Untersuchung des Sternenlichts ist es notwendig, das ankommende Licht in seine Bestandteile zu zerlegen. Ein Spektroskop ist ein optisches Gerät, mit dem Licht in sein Spektrum (Farbzerlegung) zerlegt wird und visuell untersucht werden kann. Wird das Licht auf einen Empfänger geleitet (Fotoplatte, CCD-Sensor etc.), spricht man von einem Spektrometer. Spektroskopie ermöglicht es, Informationen über Zusammensetzung, Temperatur und Bewegungsgeschwindigkeit der Sterne zu erhalten.

Station – Astronomie früher

Lösung

Zusammenfassung

Name	gelebt	Entdeckung
Ptolemäus	ca. 100 – 160	Er schuf das Geozentrische Weltbild.
Aristoteles	384 – 322 v. Chr.	Die Erde ist eine Kugel.
Kopernikus	1473 – 1543	Die Sonne ist der Mittelpunkt des Universums.
Kepler	1571 – 1630	Die Planetenbahnen sind nicht kreisrund, sondern Ellipsen.
Galilei	1564 – 1642	Die Erde dreht sich um die Sonne und nicht umgekehrt.
Newton	1642 – 1727	Er entdeckte die Theorie der Schwerkraft.

Station – Das Sonnensystem

!

Der Mond

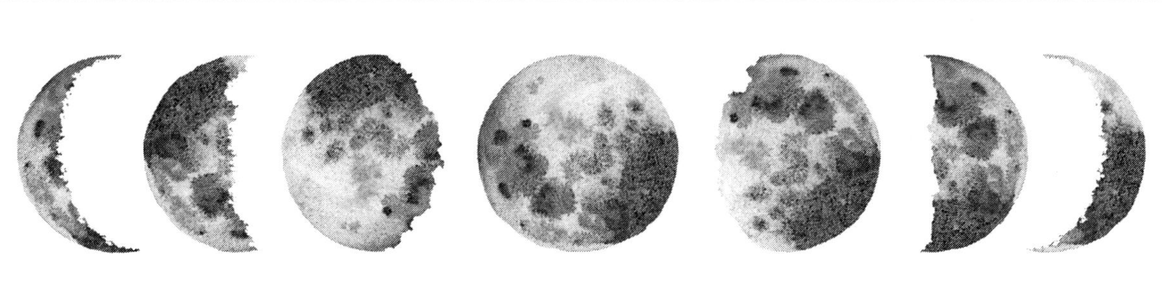

Der Mond begleitet die Erde ständig. Am Himmel sieht er fast so groß aus wie die Sonne. In Wirklichkeit ist er viel kleiner als die Sonne. Aber da die Sonne viel weiter von der Erde entfernt ist, erscheint sie uns viel kleiner als sie tatsächlich ist. Von der Erde sieht es dann so aus, als wären Sonne und Mond ungefähr gleich groß.
Manchmal sieht der Mond so aus, als hätte er ein Gesicht mit Augen, Mund und Ohren. Doch wenn man ganz genau hinschaut, sieht man einfach eine Reihe dunkler Flecken. Das sind die verschiedenen Täler und Gebirge auf dem Mond. Früher glaubte man, dass diese dunklen Flecken Meere wären. Doch schon lange weiß man, dass es auf dem Mond kein Wasser gibt. Die Flecken sind Krater, die vor vielen Milliarden Jahren entstanden, als unzählige Meteoriten auf den Mond stürzten.

Der Mond ist 384.000 km von der Erde entfernt. Am Tag ist es dort siedend heiß, um die 130 °C, und nachts wird es eisig kalt: minus 150 °C. Der Mond hat einen Durchmesser von 3.476 km. Der Kontinent Asien ist mit seiner Oberfläche von rund 44,6 Mio. km^2 etwas größer als der Mond (37,9 Mio. km^2). Das Volumen der Erde ist etwa 50-mal größer als das des Mondes. Würde man die Erde auf eine Waagschale legen, wären auf der anderen Seite 81 Monde nötig, um unseren Planeten aufzuwiegen. Die geringere Masse des Mondes hat zur Folge, dass er weniger Anziehungskraft ausübt: im Vergleich zur Erde nur ein Sechstel. In 28 Tagen wandert der Mond einmal um die Erde. Er hat keine Atmosphäre, also auch keine Luft zum Atmen, es wird auch kein Schall übertragen.

a) *Glaubst du, dass es auf dem Mond Menschen, Tiere oder Pflanzen gibt? Erkläre deine Meinung.*

b) *Kann man auf dem Mond jemanden mit einer Trillerpfeife nerven? Bedenke: Auf dem Mond gibt es keine Luft.*

c) *Kann man auf dem Mond eine Sandburg bauen? Es gibt kein Wasser und keinen Wind, und der Sand ist viel leichter als auf der Erde. (100 kg würden auf dem Mond nur 16 kg wiegen!) Wenn du eine Burg gebaut hättest, wie lange würde sie stehen bleiben?*

d) *Wie oft würde der Mond in die Erde passen?*

e) *Die Masse des Mondes ist geringer als die der Erde. Wie viele Monde bräuchte man, um die Erde aufzuwiegen?*

STATIONENLERNEN GESCHICHTE DER RAUMFAHRT
Kopiervorlagen zum Einsatz in der Sekundarstufe – Bestell-Nr. 12 785

Station – Das Sonnensystem

Der Mond

Lösung

a) Es gibt auf dem Mond kein Wasser und keine Luft zum Atmen. Also könnten wir dort nicht leben.

b) Schall wird von Luft übertragen, und auf dem Mond gibt es ja keine. Darum ist es dort nicht möglich, Geräusche wahrzunehmen. Und es ist wirklich egal, wie laut sie sind! Deshalb ist es auf dem Mond nicht möglich, jemanden mit Lärm zu nerven!

c) Eine Sandburg könnte man auf dem Mond schon bauen. Das ginge vermutlich sogar recht gut, weil der Sand nur 16 % seines Gewichts auf der Erde hat. Aber man könnte nur einen einfachen Haufen bilden, weil es kein Wasser auf dem Mond gibt, das den Staub bindet. Andererseits würde die Sandburg sehr lange stehen bleiben, weil kein Wasser und auch kein Wind sie zerstören würde. Wie die Fußabdrücke der Astronauten, würde die Sandburg eigentlich für immer dort stehen.

d) Das Volumen der Erde ist etwa 50-mal größer als das des Mondes, also würden 50 Monde in unsere Erde passen.

e) Die Masse des Mondes ist geringer als die der Erde. So bräuchte man 81 Monde, um das Gewicht der Erde zu erreichen.

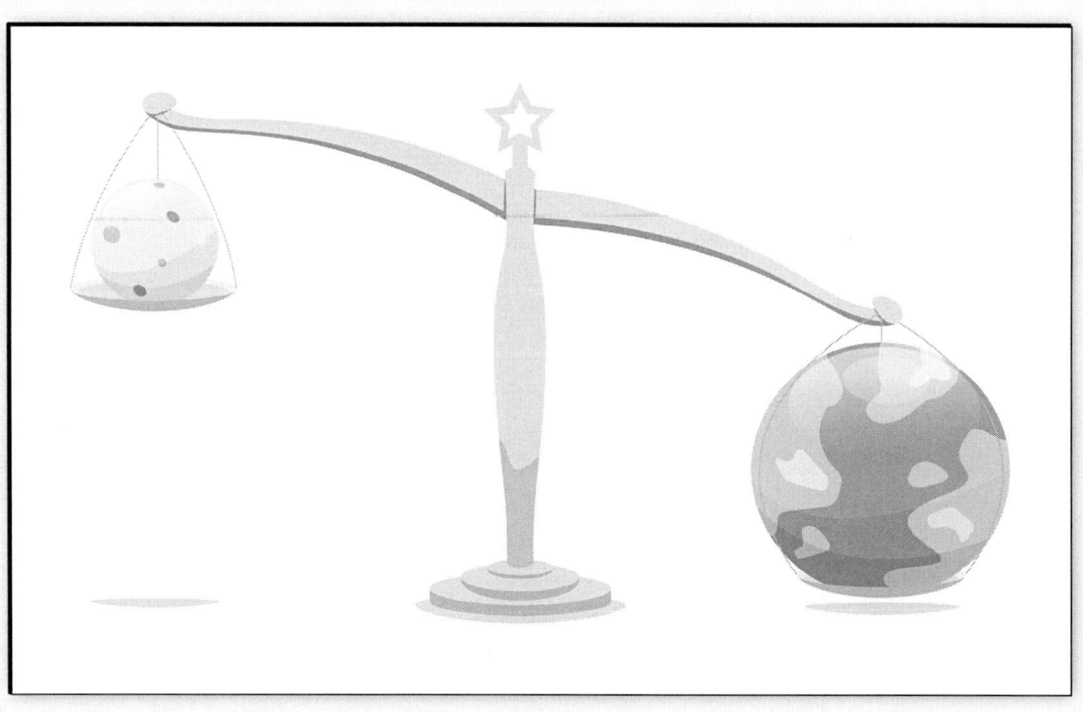

STATIONENLERNEN GESCHICHTE DER RAUMFAHRT
Kopiervorlagen zum Einsatz in der Sekundarstufe – Bestell-Nr. 12 785

Station – Das Sonnensystem

!

Besuche auf dem Mond

Schon 1959 flog die erste Sonde zum Mond. Es war **Lunik 1** und sie wurde von der UdSSR gestartet. Am 4. Januar flog sie nur knapp 6.000 km entfernt am Mond vorbei. Damit ging der Wettlauf zum Mond los: Die USA schickte die Sonde **Pioneer 4** zum Mond, die am 5. März in einer Entfernung von 60.000 Kilometern an ihm vorbeikam. Die russische Mondsonde **Lunik 2** erreichte am 13. September als erste Sonde den Mond und zerschellte auf der Oberfläche. Am 4. Oktober startete **Lunik 3**. Sie fotografierte erstmals die Rückseite des Mondes.

Im Januar 1966 startete **Luna 9** von der UdSSR. Sie landete am 3. Februar auf der Mondoberfläche. Erste Fotos wurden zur Erde gesendet.

Am 16. Juli 1969 brach **Apollo 11** zur legendären ersten Mondlandung auf. Am 20. Juli setzten Neil Armstrong und Edwin Aldrin mit der Landefähre Eagle im Mare Tranquilitatis auf. Ihr Kollege Michael Collins blieb solange im Service-Modul Columbia im Mondorbit.

Am 14. Dezember 1972 verließ Eugen Cernan als letzter Mensch die Mondoberfläche und flog mit seinen Kollegen Harrison Schmitt und Ronald Evans in der **Apollo 17** zurück zur Erde. Seither war kein Mensch mehr auf dem Mond. Das ist schon fast 50 Jahre her!

Am 14. September 2007 startete die erste japanische Mondsonde **Selene** (Kaguya) und filmte den Aufgang der Erde über der Mondoberfläche. Auch China schickte eine Erkundungssonde zum Mond. **Chang'e 1** startete am 24. Oktober.

Die NASA schickte im Juni 2009 den **Lunar Reconnaissance Orbiter** zum Mond. Wenig später sendete die Sonde Bilder zur Erde, auf denen die Reste der bemannten Mondmissionen Apollo zu erkennen sind. Im Oktober stürzte die mitgeführte Sonde gezielt in einen Mondkrater am Südpol.

a) *Wann sind diese Sonden gestartet?*

Lunik 1		Luna 9	
Pioneer 4		Apollo 11	
Lunik 2		Apollo 17	
Lunik 3			

b) *Wie könnte sich Michael Collins alleine im Mondorbit gefühlt haben? Vermutungen.*

c) *Welchen bekannten Ausspruch tat Neil Armstrong, als er den Mond betrat? Recherchiere z. B. im Internet oder Büchern.*

d) *Wann schickten Japaner und Chinesen erste Sonden zum Mond?*

STATIONENLERNEN GESCHICHTE DER RAUMFAHRT
Kopiervorlagen zum Einsatz in der Sekundarstufe – Bestell-Nr. 12 785

Station – Das Sonnensystem

Lösung

Besuche auf dem Mond

a)

Lunik 1	04.01.1959
Pioneer 4	05.03.1959
Lunik 2	13.09.1959
Lunik 3	04.10.1959
Luna 9	03.02.1966
Apollo 11	20.07.1969
Apollo 17	14.12.1972

b) freie Antworten

c) "That's one small step for man, one giant leap for mankind."
„Dies ist ein kleiner Schritt für einen Menschen, aber ein riesiger Sprung für die Menschheit."

d) Japaner und Chinesen schickten 2007 erste Sonden zum Mond.

Die Besatzung von Apollo 11 – 40 Jahre nach der Mondlandung
von links nach rechts:
Buzz Aldrin, Michael Collins, Neil Armstrong – 20.07.09

STATIONENLERNEN GESCHICHTE DER RAUMFAHRT
Kopiervorlagen zum Einsatz in der Sekundarstufe – Bestell-Nr. 12 785

Station – Das Sonnensystem

!

Die Planeten im Sonnensystem

Die Planeten in unserem Sonnensystem sind zwar alle zur gleichen Zeit aus derselben Urwolke entstanden, haben sich dann aber ganz unterschiedlich entwickelt. In unserem Sonnensystem sind 8 Planeten unterwegs. Erde, Merkur, Venus, Mars, Jupiter und Saturn sind seit dem Altertum bekannt. 1781 wurde der Planet Uranus entdeckt. Mit Neptun wurde 1846 der achte Planet unseres Sonnensystems entdeckt. Pluto, der Kleine, wird durch einige Himmelsaufnahmen im Jahre 1930 entdeckt. 2005 folgte die Entdeckung von Eris. Er ist nach Pluto zweitgrößter bekannter Zwergplanet des Sonnensystems. Debatten über Plutos Anerkennung zum Planeten führten zur Einführung der Zwergplaneten. Pluto wurde 2006 in diese neue Kategorie zurückgestuft.

Doch was ist nun der Unterschied zwischen einem Stern und einem Planeten? Ein Stern leuchtet von selbst, ein Planet nicht. Sterne haben in ihrem Inneren eine Energiequelle, sodass sie heiß glühen und Licht ausstrahlen. Ein Planet dagegen ist kalt und leuchtet nicht von alleine. Wir können ihn nur sehen, wenn er von einem Stern angeleuchtet wird. Unser Stern ist die Sonne. Die Sonne ist nicht der einzige Stern mit Planeten. Da es unzählige Sterne gibt, muss es im Universum von Planeten nur so wimmeln.

Ein Merksatz zur Reihenfolge der Planeten im Abstand zur Sonne:
Mein **V**ater **e**rklärt **m**ir **j**eden **S**onntag **u**nseren **N**achthimmel.

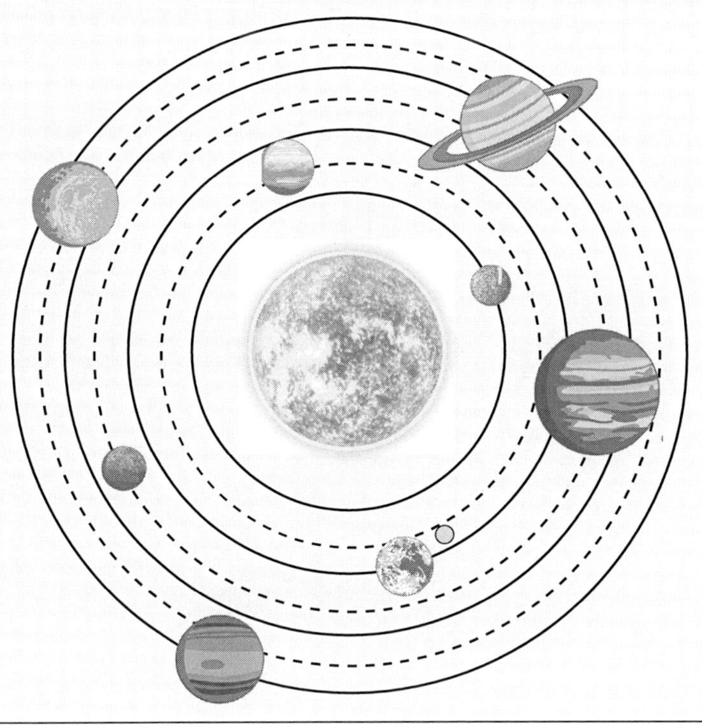

a) *Welche Planeten waren schon im Altertum bekannt?*

b) *Wann wurde Pluto als Zwergplanet eingestuft?*

c) *Was ist der wichtigste Unterschied zwischen einem Stern und einem Planeten?*

d) *Beschriftet diese 8 Planeten, Sonne und Mond richtig. Hilfe gibt's im Internet.*

STATIONENLERNEN GESCHICHTE DER RAUMFAHRT
Kopiervorlagen zum Einsatz in der Sekundarstufe – Bestell-Nr. 12 785

Station – Das Sonnensystem

Lösung

Die Planeten im Sonnensystem

a) Erde, Merkur, Venus, Mars, Jupiter und Saturn sind seit dem Altertum bekannt.

b) 2006 wurde Pluto als Zwergplanet eingestuft, nach der Entdeckung von Eris.

c) Der wichtigste Unterschied ist, dass Sterne von selber leuchten, Planeten sehen wir nur, wenn sie von einem Stern angestrahlt werden.

d) Siehe Bild unten.

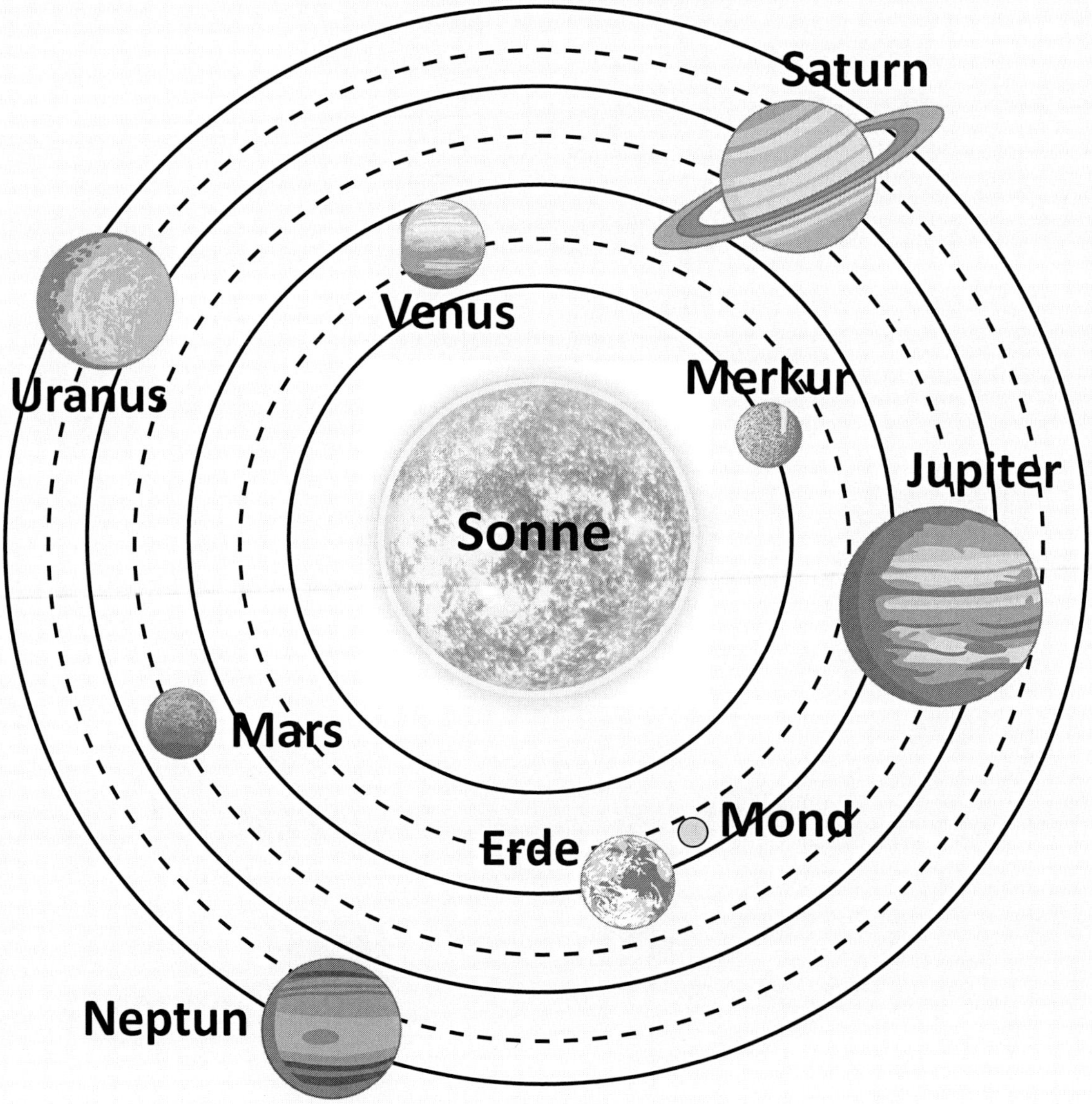

Saturn
Venus
Uranus
Merkur
Jupiter
Sonne
Mars
Mond
Erde
Neptun

Station – Das Sonnensystem

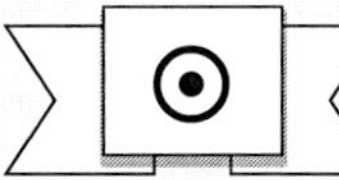

Namen und Zeichen unserer Planeten, Sonne und Mond

Schreibe zu jedem Zeichen, woher der Name des Planeten stammt. Recherchiere im Internet oder Büchern.

☉	☿	♀	⊕	♂
Sonne Der Stern im Mittelpunkt unseres Planeten-systems, das nach ihm Sonnensystem genannt wird.	**Merkur**	**Venus**	**Erde**	**Mars**
♃	♄	⛢	♆	☾
Jupiter	**Saturn**	**Uranus**	**Neptun**	**Mond**

STATIONENLERNEN GESCHICHTE DER RAUMFAHRT
Kopiervorlagen zum Einsatz in der Sekundarstufe – Bestell-Nr. 12 785

Station – Das Sonnensystem

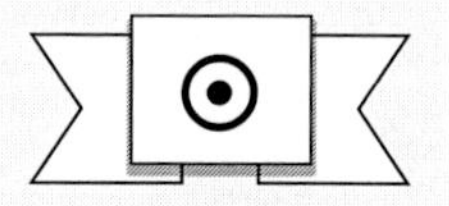

Lösung

Namen und Zeichen unserer Planeten, Sonne und Mond

☉	☿	♀	⊕	♂
Sonne Der Stern im Mittelpunkt unseres Planetensystems, das nach ihm Sonnensystem genannt wird.	**Merkur** In der Römischen Sage ist Merkur der Gott des Handels, der Reisenden und der Diebe.	**Venus** Venus ist in der Sage die Göttin der Liebe und Schönheit.	**Erde** Die Erde (griechisch Gaia) benannt nach Gaia, der Erdgöttin und Ur-Mutter.	**Mars** Mars hat seinen Namen vom römischen Gott des Kriegs.
♃	♄	⛢	♆	☾
Jupiter Jupiter war in der römischen Mythologie der König der Götter.	**Saturn** In der römischen Sage ist Saturn der Gott des Ackerbaus.	**Uranus** Uranus ist die altgriechische Gottheit des Himmels, der früheste Götterfürst.	**Neptun** In der römischen Mythologie war Neptun der Gott des Meeres.	**Mond** Mond (Luna) Luna war die Mondgöttin des antiken Roms.

STATIONENLERNEN GESCHICHTE DER RAUMFAHRT
Kopiervorlagen zum Einsatz in der Sekundarstufe – Bestell-Nr. 12 785

Station – Das Sonnensystem

Die Sonne

Die Sonne ist der Stern, der der Erde am nächsten ist und das Zentrum des Sonnensystems bildet. Ihr Durchmesser ist mit 1,4 Millionen Kilometern etwa 110-mal so groß wie der der Erde. Die Sonnenstrahlung ist eine der Grundvoraussetzungen für die Entwicklung und den Erhalt des Lebens auf der Erde. Der Himmelslauf der Sonne gliedert den Tag und das Jahr. Sie wurde schon in der Urzeit in Sonnenkulten verehrt. Das Sonnensystem entstand vor 4,6 Milliarden Jahren.

Eine Reihe von Satelliten wurde für die Beobachtung der Sonne in eine Erdumlaufbahn geschickt. Im Februar 2020 starteten die europäische Weltraumorganisation (ESA) und die NASA die Raumsonde Solar Orbiter, die sich der Sonne bis auf 0,28 Astronomische Einheiten (etwa 42 Millionen Kilometer) nähern soll.

a) *Wie groß ist der Durchmesser der Sonne?*

b) *Wann entstand das Sonnensystem?*

c) *Was gliedert die Sonne in unserem Leben?*

Station – Das Sonnensystem

Entfernungen im Weltall

Die Entfernungen des Weltraums sprengen alle unsere Maße. Daher braucht man andere Maßeinheiten: Lichtjahre und die Astronomische Einheit geben die Entfernungen an. Der mittlere Abstand der Erde zur Sonne ist 149.597.870 Kilometer. Dieser Abstand wurde als neue Einheit festgelegt, die vor allem dazu dient, Entfernungen innerhalb des Sonnensystems anzugeben: die Astronomische Einheit = AE (oder international: Astronomical Unit = AU). Unsere Entfernung zur Sonne beträgt also 1 AE. Jupiter ist von uns bereits 4 AE entfernt (wenn er uns am nächsten ist), Saturn über 8 AE.

Astronomische Einheit	AE	149.597.870 km
Lichtsekunde	Ls	299.792,458 km
Lichtminute	Lm	17,99 Mio km
Lichtjahr	LJ	9.460,5 Mrd km

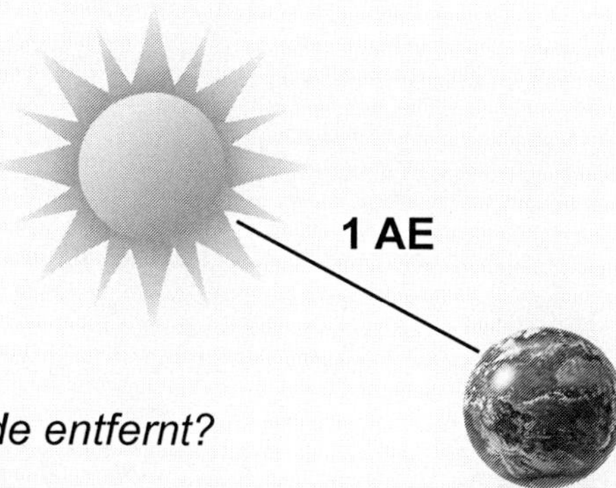

a) *Wie viele km ist der Jupiter von unserer Erde entfernt?*

b) *Wie viele Lichtjahre sind 63.240 AE?*

c) *Rechne um: Wie viele Lichtminuten sind 1 AE?*

STATIONENLERNEN GESCHICHTE DER RAUMFAHRT
Kopiervorlagen zum Einsatz in der Sekundarstufe – Bestell-Nr. 12 785
KOHL VERLAG

Station – Das Sonnensystem

Lösung

Die Sonne

a) Der Durchmesser der Sonne beträgt etwa 1,4 Millionen Kilometer.

b) Das Sonnensystem entstand vor 4,6 Millionen Jahren.

c) Die Sonne gliedert den Tag und das Jahr.

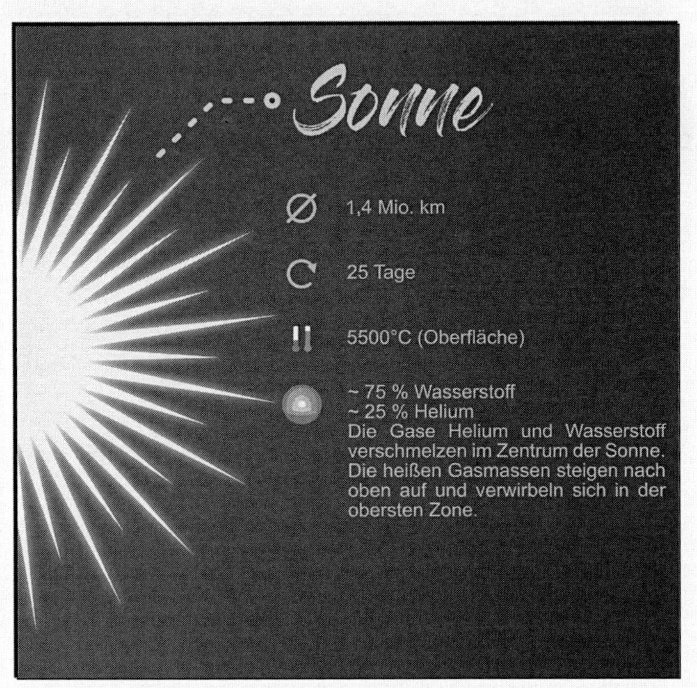

STATIONENLERNEN GESCHICHTE DER RAUMFAHRT
Kopiervorlagen zum Einsatz in der Sekundarstufe – Bestell-Nr. 12 785
KOHL VERLAG

Station – Das Sonnensystem

Lösung

Entfernungen im Weltall

Astronomische Einheit	AE	149.597.870 km
Lichtsekunde	Ls	299.792,458 km
Lichtminute	Lm	17,99 Mio km
Lichtjahr	LJ	9.460,5 Mrd km

a) 149.597.870 • 4 = 598 391 480 km ist der Jupiter von der Erde entfernt.

b) Das ist 1 Lichtjahr.

c) Das sind etwa 8,32 Lichtminuten.

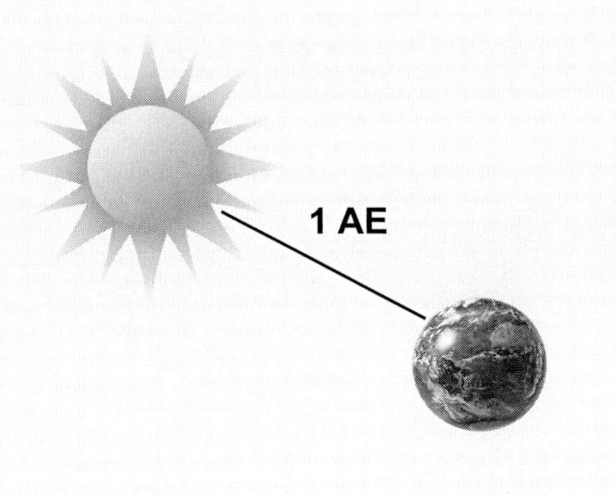

STATIONENLERNEN GESCHICHTE DER RAUMFAHRT
Kopiervorlagen zum Einsatz in der Sekundarstufe – Bestell-Nr. 12 785

Station – Die Planeten

Die Größe der Planeten

Betrachte die Grafik und setze die Namen der Planeten richtig in den Text ein:

Die größten Planeten unseres Sonnensystems sind ____________________ und ____________________. Die kleinsten heißen ________________ und ________________. Die Venus und die ________________ sind fast gleich groß, genauso wie ________________ und ________________.

Wir unterscheiden die inneren Planeten, die Gesteinsplaneten, und die äußeren Planeten, die Gasplaneten.

Station – Die Planeten

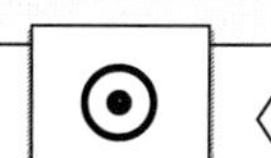

Gesteinsplaneten und Gasplaneten

Zu den Gesteinsplaneten gehören Merkur, Venus, Erde und Mars. Sie umkreisen die Sonne innerhalb des Asteroidengürtels. Sie sind alle etwa gleich groß (außer Merkur, der etwas klein geraten ist) und bestehen hauptsächlich aus Gestein.
Der Asteroidengürtel ist eine breite Region zwischen den Umlaufbahnen von Mars und Jupiter. Die Brocken aus Gestein und Metall blieben bei der Entstehung des Sonnensystems übrig.
Zu den äußeren Planeten gehören Jupiter, Saturn, Uranus und Neptun. Sie sind im Vergleich zur Erde riesig und bestehen hauptsächlich aus Gas. Sie bewegen sich außen auf weitläufigen Bahnen um die Sonne. Die äußeren Planeten versammeln eine Menge Monde um sich, deren Zahl sich ständig ändert, da wir noch nicht alle entdeckt haben. Saturn zum Beispiel hat mindestens 62 Monde!

a) *Wodurch unterscheiden sich die inneren und äußeren Planeten?*
b) *Welche Planeten gehören zu welcher Gruppe?*

STATIONENLERNEN GESCHICHTE DER RAUMFAHRT
Kopiervorlagen zum Einsatz in der Sekundarstufe – Bestell-Nr. 12 785

Station – Die Planeten

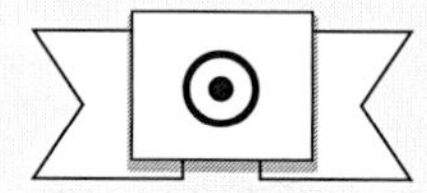

Die Größe der Planeten

Lösung

Die größten Planeten unseres Sonnensystems sind Jupiter und Saturn.
Die kleinsten heißen Mars und Merkur.
Die Venus und die Erde sind fast gleich groß, genauso wie Neptun und Uranus.

STATIONENLERNEN GESCHICHTE DER RAUMFAHRT
Kopiervorlagen zum Einsatz in der Sekundarstufe – Bestell-Nr. 12 785
KOHL VERLAG

Station – Die Planeten

Gesteinsplaneten und Gasplaneten

Lösung

a) Die inneren Planeten bestehen überwiegend aus Gestein und liegen innerhalb des Asteroidengürtels. Die äußeren Planeten sind Gasplaneten und liegen außerhalb des Asteroidengürtels.

b) Zu den inneren Planeten zählen Merkur, Venus, Erde und Mars, zu den äußeren Jupiter, Saturn, Uranus und Neptun.

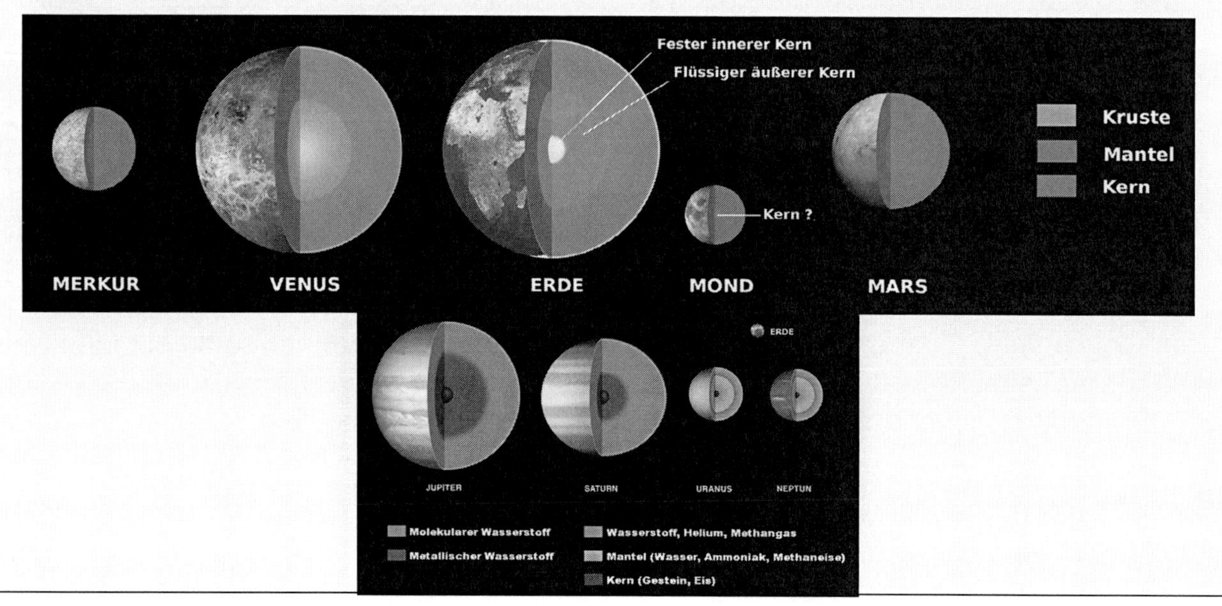

STATIONENLERNEN GESCHICHTE DER RAUMFAHRT
Kopiervorlagen zum Einsatz in der Sekundarstufe – Bestell-Nr. 12 785
KOHL VERLAG

Station – Die Planeten

Merkur – der schnellste Planet

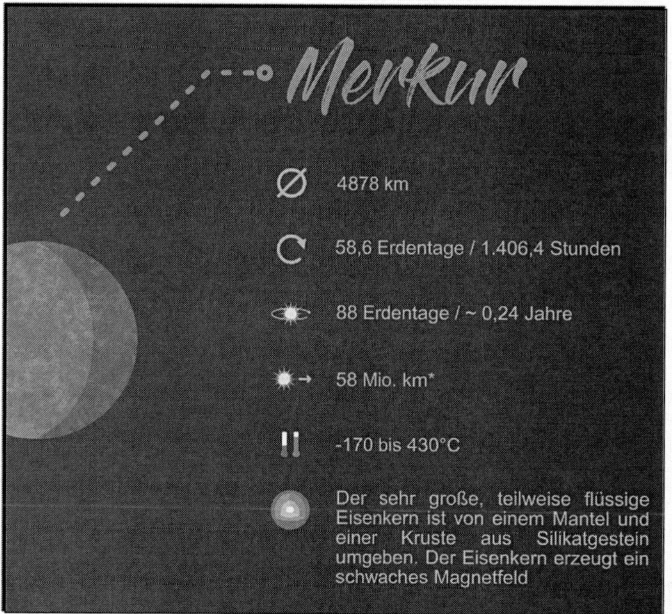

Merkur ist ein Gesteinsplanet wie die Venus, die Erde und der Mars. Er ist der kleinste Planet im Sonnensystem. Sein Durchmesser beträgt nur 4.878 km.
Er kreist ganz dicht um die Sonne. Daher ist er von der Erde aus auch schwer zu sehen – das helle Sonnenlicht überstrahlt ihn.
Kein anderer Planet umkreist die Sonne so schnell.
Er ist übersät von unzähligen Kratern und ähnelt ein bisschen dem Mond. Die Krater stammen von Meteoriten, die vor langer Zeit auf der Oberfläche eingeschlagen sind. Er hat mit einer maximalen Tagestemperatur von rund +430 °C und einer Nachttemperatur bis −170 °C die größten Oberflächen- Temperaturschwankungen aller Planeten.
Wegen der schwierigen Erreichbarkeit auf der sonnennahen Umlaufbahn und der damit verbundenen Gefahr durch den intensiveren Sonnenwind haben bislang erst zwei Raumsonden, Mariner 10 und Messenger, den Planeten besucht und eingehender studiert.
Zum ersten Mal besuchte eine Sonde den Merkur 1973. Mariner 10 fliegt im Abstand von 700 km an ihm vorbei. Erst 2011 trifft eine zweite Sonde „Messenger“ bei Merkur ein. Die europäisch-japanische Raumsonde „BepiColombo“ ist im Oktober 2018 zu ihrer sieben Jahre dauernden Reise zum Planeten Merkur gestartet. Mit zwei Satelliten soll sie ab Dezember 2025 die Oberfläche und das Magnetfeld des Himmelskörpers untersuchen.

Kreuze die richtigen Antworten an:

a) *Welchen Durchmesser hat Merkur?*

40.798 km		3.975 km		4.878 km	

b) *Welche Temperaturdifferenz gibt es auf dem Planeten?*

430 °C		600 °C		500 °C	

c) *Warum ist seine Erkundung so schwierig?*

Sonnenwinde		er ist zu schnell		es ist zu warm dort	

d) *Wann bekam Merkur das erste Mal Besuch von einer Sonde?*

1964		1984		1973	

e) *Wann traf die zweite Sonde bei Merkur ein?*

2013		1999		2011	

STATIONENLERNEN GESCHICHTE DER RAUMFAHRT
Kopiervorlagen zum Einsatz in der Sekundarstufe – Bestell-Nr. 12 785

Station – Die Planeten

Lösung

Merkur – der schnellste Planet

a) 4878 km

b) 600 °C

c) Die starken Sonnenwinde stören.

d) 1974

e) 2011

Das Mariner-Programm (Mariner: englisch für Seefahrer) der NASA diente zur Erkundung der erdähnlichen Planeten des Sonnensystems, also Merkur, Venus und Mars. Insgesamt zehn Raumsonden wurden zwischen 1962 und 1973 gestartet.

STATIONENLERNEN GESCHICHTE DER RAUMFAHRT
Kopiervorlagen zum Einsatz in der Sekundarstufe – Bestell-Nr. 12 785

Station – Die Planeten

Venus – der strahlendste Planet

Die Venus ist ein Gesteinsplanet. Sie hat eine sehr dichte und für uns Menschen giftige Atmosphäre. Wegen ihrer kompakten Wolken ist sie der wärmste Planet in unserem Sonnensystem. Die enorme Hitze entsteht durch den Treibhauseffekt. Die dicke Wolkenschicht verhindert, dass die Wärme des Planeten in den Weltraum abgestrahlt werden kann.

Die Venus ist nach Sonne und Mond der strahlendste „Stern“ am ganzen Himmel. Dabei ist sie mit etwa 12.100 Kilometern Durchmesser kleiner als die Erde. Bei ihrer größten Annäherung rückt sie auf vierzig Millionen Kilometer an uns heran. Näher kommt uns von den größeren Objekten nur der Mond. Sie ist das erste sichtbare Gestirn in der Abenddämmerung und das letzte vor Sonnenaufgang – mal Abendstern, mal Morgenstern. Venus dreht sich verkehrt herum. Dadurch geht die Sonne im Westen auf und im Osten unter.

1962 erreicht die Raumsonde Mariner 2 die Venus und fliegt an ihr vorbei. 1970 setzt die russische Sonde Venera 7 auf der Venus auf. Die Sonde startete am 17. August und erreichte am 15. Dezember ihr Ziel. Es war die erste erfolgreiche Landung auf der Venus.

Zwischen 1989 und 1994 erforschte die amerikanische Raumsonde Magellan die Venus. Magellan lieferte eine hochgenaue Karte des Planeten. Die Sonde verglühte am 12. Oktober 1994 in der Venusatmosphäre.

a) *Wie wird die Venus auch genannt?*

b) *Wie lange war die Sonde Venera 7 ungefähr unterwegs?*

c) *Woher stammt der Name Magellan?*

d) *Durch Raumsonden erfuhren wir, dass die Luft auf der Venus giftig ist. Welche Gase sind dort vorherrschend?*

e) *Wie wirken diese Gase auf unseren Körper?*

f) *Warum ist es so warm auf der Venus?*

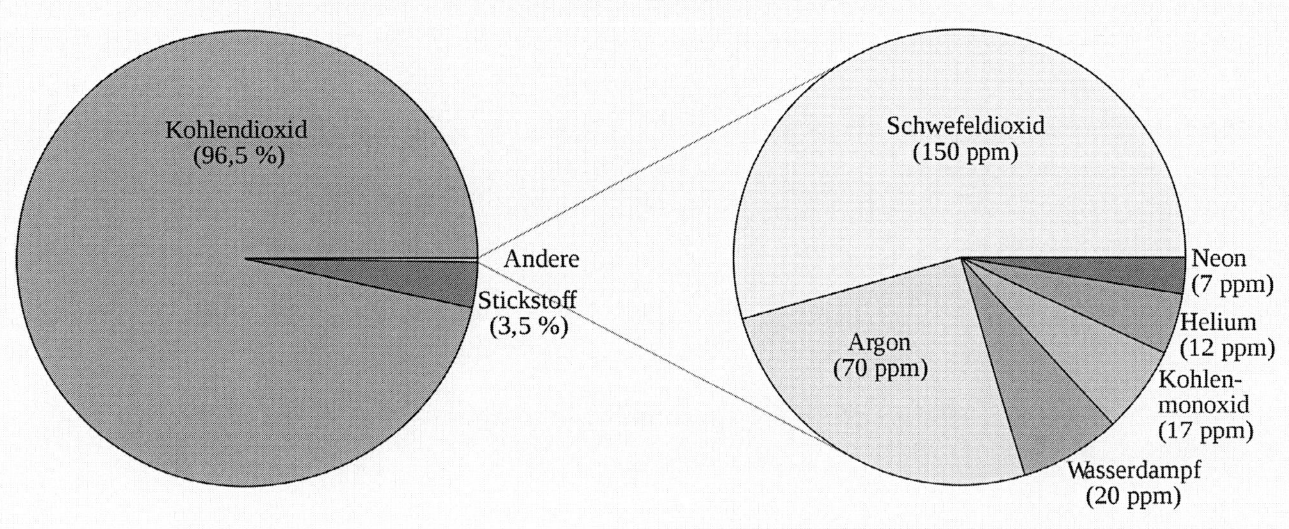

STATIONENLERNEN GESCHICHTE DER RAUMFAHRT
Kopiervorlagen zum Einsatz in der Sekundarstufe – Bestell-Nr. 12 785
KOHL VERLAG

Station – Die Planeten

Lösung

Venus – der strahlendste Planet

a) Man nennt die Venus auch Morgen- und Abendstern. Steht sie nach Sonnenuntergang am Westhorizont, ist sie der strahlend helle Abendstern. Geht sie morgens vor der Sonne am Osthorizont auf, wird sie als Morgenstern bezeichnet.

b) Die Sonde Venera war etwa 4 Monate unterwegs.

c) Der Portugiese Ferdinand Magellan gilt als erster Umsegler der Erde, obwohl er den Ausgangshafen und damit das Ziel seiner Expedition, mit der die Kugelgestalt der Erde endgültig nachgewiesen werden sollte, nicht erreichte. Er wurde im April 1521 auf der anderen Seite der Erde, auf der Philippineninsel Mactan, bei einem Gefecht mit Einheimischen getötet. So konnte Magellan seine Expedition nur zur ersten Hälfte ausführen.

d) Es gibt überwiegend Kohlendioxid (96,5 %) und Stickstoff (3,5 %).

e) Die Gase wirken giftig.

f) Die dicke Wolkenschicht verhindert, dass die Wärme des Planeten in den Weltraum abgestrahlt werden kann.

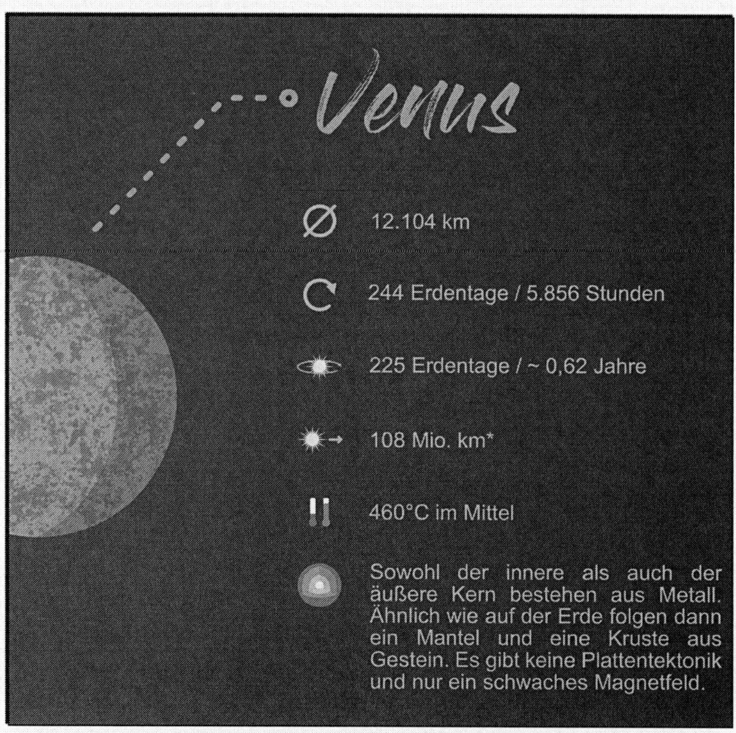

STATIONENLERNEN GESCHICHTE DER RAUMFAHRT
Kopiervorlagen zum Einsatz in der Sekundarstufe – Bestell-Nr. 12 785

Station – Die Planeten

Die Erde – der blaue Planet

Auch die Erde gehört zu den Gesteinsplaneten. Sie dreht sich in 24 Stunden einmal um sich selbst. In 365 Tagen umkreist sie die Sonne. Sie ist etwa 150 Millionen km von der Sonne entfernt. Die Erde hat einen Mond, der um sie herum wandert.

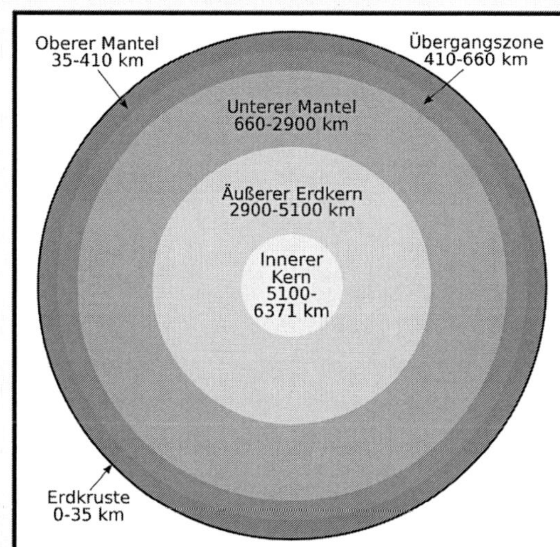

Den größten Umfang hat die Erde am Äquator, etwas über 40.000 km. Fast 2 Tage würde man mit einem Flugzeug brauchen, um die Erde zu umrunden. Ihr Durchmesser beträgt 12.756 km, ihr Alter beträgt etwa 4,6 Milliarden Jahre. Sie ist der dichteste, fünftgrößte und der Sonne drittnächste Planet unseres Sonnensystems.

Die Erde ist von der Atmosphäre umgeben, das ist eine gasförmige Hülle. Sie enthält Stickstoff und Sauerstoff. Ohne sie könnten wir nicht atmen und somit nicht leben. In der Atmosphäre entstehen Wolken, Winde und Gewitter.

Wenn du einen Ball hoch in die Luft wirfst, fällt 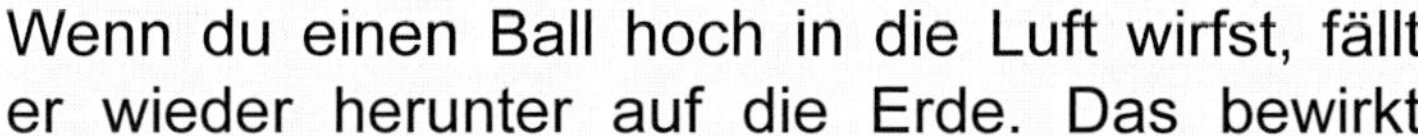 er wieder herunter auf die Erde. Das bewirkt die Schwerkraft, auch Erdanziehungskraft genannt. Das ist bei uns in Europa so, aber genauso ist es auch in Australien, auf der anderen Hälfte der Welt.

Die Erde ist der einzige Planet, auf dem unser Leben möglich ist. Es darf nicht zu kalt sein, aber auch nicht zu warm. Wasser muss in großer Menge vorhanden sein. Das war nicht immer so. Erst im Laufe von Millionen Jahren hat sich die Atmosphäre der Erde so entwickelt, dass Leben entstehen konnte. Da die Erdoberfläche zu etwa zwei Dritteln aus Wasser besteht und daher die Erde vom All betrachtet überwiegend blau erscheint, wird sie auch Blauer Planet genannt.

a) *Schau auf das Bild oben und beschreibe den Aufbau der Erde.*

b) *Erstelle einen Steckbrief zur Erde:*

Alter	
Umfang	
Monde	
Entfernung Sonne	
Atmosphäre	
Umkreisung Sonne	
Drehung um sich selbst	

STATIONENLERNEN GESCHICHTE DER RAUMFAHRT
Kopiervorlagen zum Einsatz in der Sekundarstufe – Bestell-Nr. 12 785

Station – Die Planeten

Lösung

Die Erde – der blaue Planet

a) Die Erde gliedert sich in die Erdkruste, den oberen Mantel, die Übergangszone, den unteren Mantel. Weiter innen liegen der äußere und innere Erdkern.

b) Steckbrief zur Erde:

Alter	ca. 4,6 Milliarden Jahre
Umfang	40.075 km (40.000 km)
Monde	einer
Entfernung Sonne	ca. 150 Millionen km
Atmosphäre	Stickstoff, Sauerstoff
Umkreisung Sonne	365 Tage
Drehung um sich selbst	24 Stunden

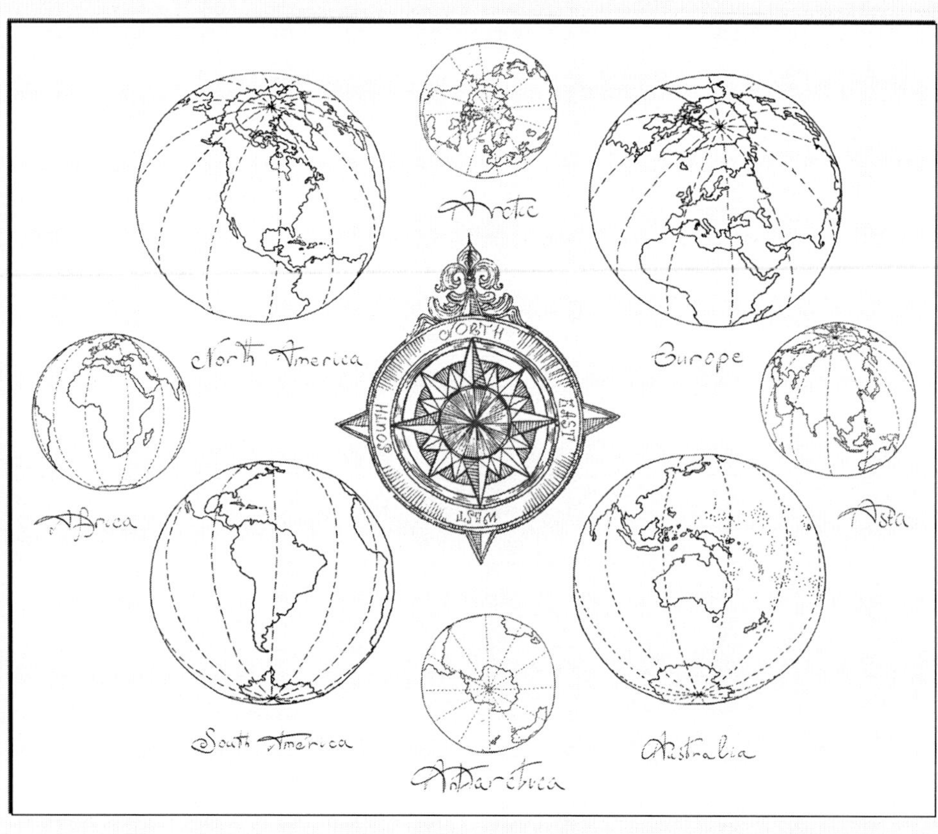

STATIONENLERNEN GESCHICHTE DER RAUMFAHRT
Kopiervorlagen zum Einsatz in der Sekundarstufe – Bestell-Nr. 12 785

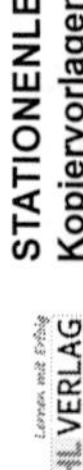

Station – Die Planeten

Mars – der rote Planet

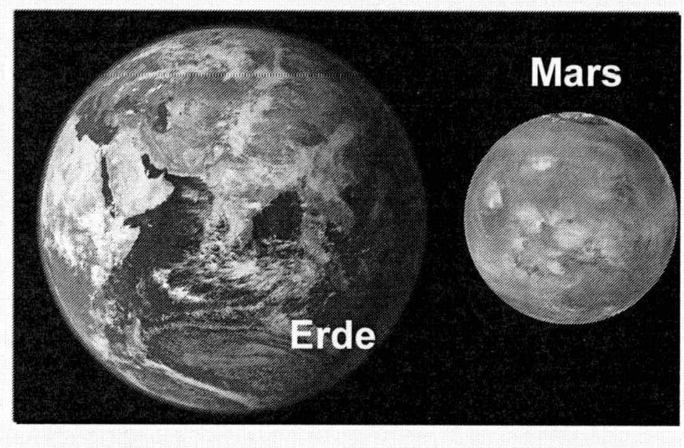

Der Mars ist, von der Sonne aus gezählt, der vierte Planet im Sonnensystem und der äußere Nachbar der Erde. Er zählt zu den inneren Planeten oder Gesteinsplaneten. Sein Durchmesser ist mit knapp 6.800 Kilometern etwa halb so groß wie der der Erde. Die Masse des Mars beträgt etwa ein Zehntel der Erdmasse. Er wird auch als der Rote Planet bezeichnet. Diese Färbung geht auf Eisenoxid-Staub (Rost) zurück. Der Mars besitzt zwei kleine, unregelmäßig geformte Monde, die 1877 entdeckt wurden: Phobos und Deimos (griechisch für Furcht und Schrecken).

Der Mars hat viele Ähnlichkeiten mit der Erde. Hier gibt es Hügellandschaften und auch hohe Gebirge, Vulkane, lange tiefe Gräben und Schluchten, ausgedehnte Ebenen und eisbedeckte Polkappen. Der höchste Vulkan, Olympus Mons, ragt über 26,4 km hoch auf. Er ist die höchste bekannte Erhebung im Sonnensystem. Der Vulkanriese Alba Patera erhebt sich rund 6 km über das umgebende Tiefland und ist mit einem Durchmesser von über 1.200 km der flächengrößte Vulkan im Sonnensystem.

Mars bewegt sich auf einer größeren Umlaufbahn um die Sonne als die Erde. Er benötigt 687 Tage für eine komplette Runde.

Unter dem Marsboden werden riesige Gebiete aus Wassereis vermutet. Wo Wasser ist, da könnte auch Leben sein. Die Bemühungen der Wissenschaftler haben unter anderem das Ziel, entweder noch vorhandene Lebewesen wie zum Beispiel Bakterien oder Beweise für ein früheres Leben auf dem Mars in Form von Fossilien und Versteinerungen zu finden.

a) *Wie groß ist der Durchmesser des Mars?*

b) *Wie heißen die beiden Monde des Mars?*

c) *Auf dem Mars finden sich verschiedene Landschaftsformen. Beschreibe sie.*

d) *Wie heißt die höchste Erhebung in unserem Sonnensystem?*

e) *Worauf beruht die rote Färbung des Planeten?*

f) *Was vermutet man unter dem Marsboden?*

g) *Wie lange dauert ein Marsjahr?*

STATIONENLERNEN GESCHICHTE DER RAUMFAHRT
Kopiervorlagen zum Einsatz in der Sekundarstufe – Bestell-Nr. 12 785

Station – Die Planeten

Lösung

Mars – der rote Planet

a) Sein Durchmesser ist knapp 6.800 Kilometern

b) Phobos und Deimos (griechisch für Furcht und Schrecken) sind die Namen der beiden Monde.

c) Hier gibt es Hügellandschaften und auch hohe Gebirge, Vulkane, lange tiefe Gräben und Schluchten, ausgedehnte Ebenen und eisbedeckte Polkappen.

d) Olympus Mons ragt 26,4 km hoch auf und ist damit die höchste bekannte Erhebung im Sonnensystem.

e) Diese Färbung geht auf Eisenoxid-Staub (Rost) zurück.

f) Unter dem Marsboden werden riesige Gebiete aus Wassereis vermutet.

g) Ein Marsjahr hat 687 Tage, so lange dauert es, bis der Mars die Sonne einmal umrundet hat.

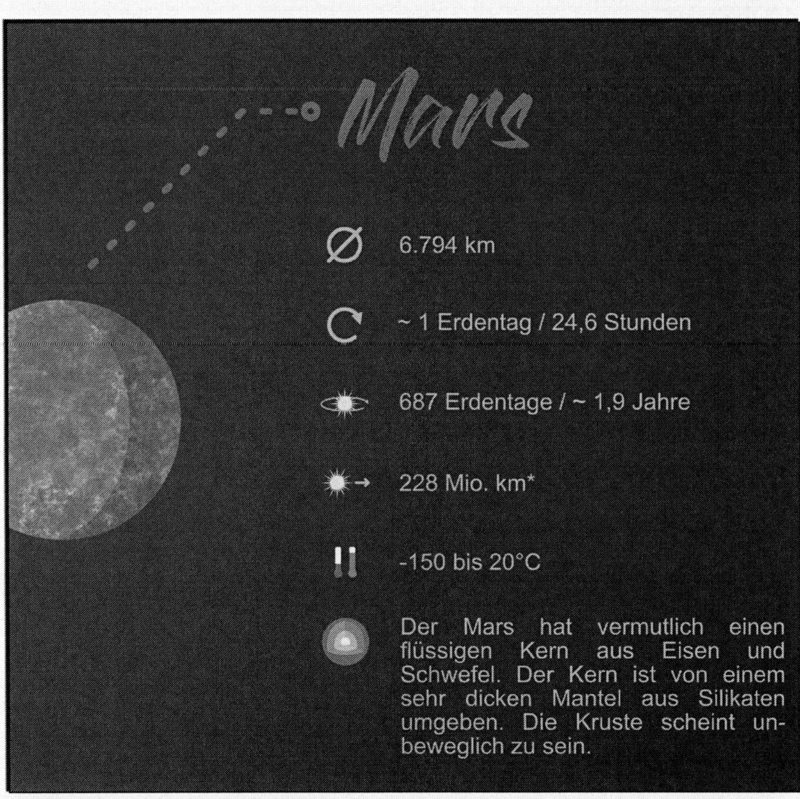

Station – Die Planeten

Die Erforschung des Mars

Von 1960 an starteten 43 Raumsonden zum Roten Planeten. Und obwohl die Reise nur knapp 9 Monate dauert, erreichten nur 19 Marssonden ihr Ziel.
Die Amerikaner waren besonders erfolgreich. Russland (früher Sowjetunion) hat die meisten Katastrophen bei Marsmissionen zu verzeichnen.
Am 14. Juli 1965 erreicht die NASA-Sonde Mariner 4 den Planeten Mars und schickt 22 Bilder zur Erde. Im Sommer 1976 gelang es der NASA, erstmalig mit Sonden auf dem Mars zu landen. Die beiden Sonden **Viking 1** und **Viking 2** setzten kurz hintereinander auf dem Planeten auf. Ausgestattet mit meteorologischen Instrumenten, Farbkameras, einer Vorrichtung zur Entnahme von Bodenproben und Instrumenten für biologische Versuche lieferten die Sonden nicht nur eine große Menge an Daten, sondern auch über 50.000 Fotos.
Mars **Pathfinder** landet 1997 auf dem Roten Planeten. Zum ersten Mal fährt ein ferngesteuertes Roboterauto auf der Oberfläche eines anderen Planeten herum.
Die bislang erfolgreichsten Marsfahrzeuge treffen auf dem Mars ein: am 4. Januar 2004 erreicht der Marsrover **Spirit** den Gusev-Krater. Kurz darauf, am 25. Januar 2005, erreicht auch Marsrover **Opportunity** sein Ziel. Marslander **Phoenix** kommt am 26. Mai 2008 in der Nordpolar-Region des roten Planeten an und startet unterschiedliche Untersuchungen vor Ort. 2012 gelangte ein neues Marsfahrzeug namens **Curiosity** auf den Mars. Eine Abstiegsstufe ließ den Rover an langen Seilen zum Boden hinab, damit das Fahrzeug sanft aufsetzen konnte.
Seit November 2018 ist die NASA-Sonde **InSight** auf dem Mars. Mit den Experimenten konnte nach der Jahreswende 2018/19 begonnen werden. Die Missionsdauer war zunächst auf ein Marsjahr festgelegt, das entspricht zwei Erdenjahren. Sie wurde bis Dezember 2022 verlängert.
Die **Mars 2020**-Mission gilt als erster Schritt, um Proben von Marsgestein zurück zur Erde zu bringen. „**Perseverance**“ ist der größte Mars-Rover, den die USA je gebaut haben, und er hat den ersten Mars-Hubschrauber mit dabei.

Kreise die Marssonden ein und schreibe die Jahreszahl ihres Erscheinens auf dem Mars dazu.

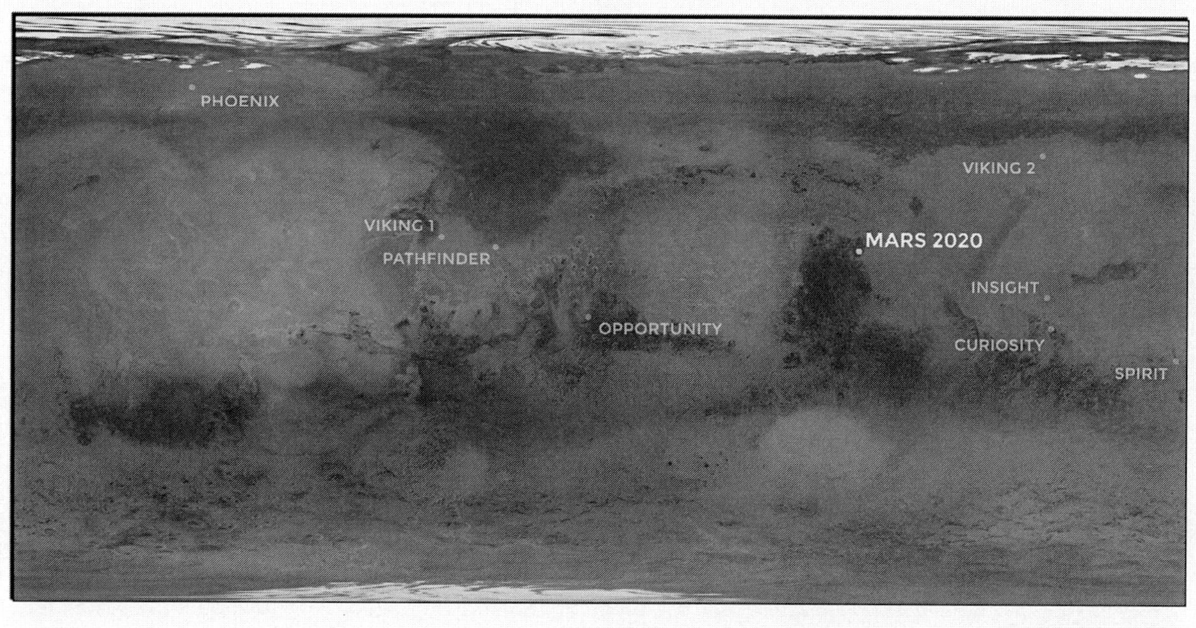

STATIONENLERNEN GESCHICHTE DER RAUMFAHRT
Kopiervorlagen zum Einsatz in der Sekundarstufe – Bestell-Nr. 12 785

Station – Die Planeten

Lösung

Die Erforschung des Mars

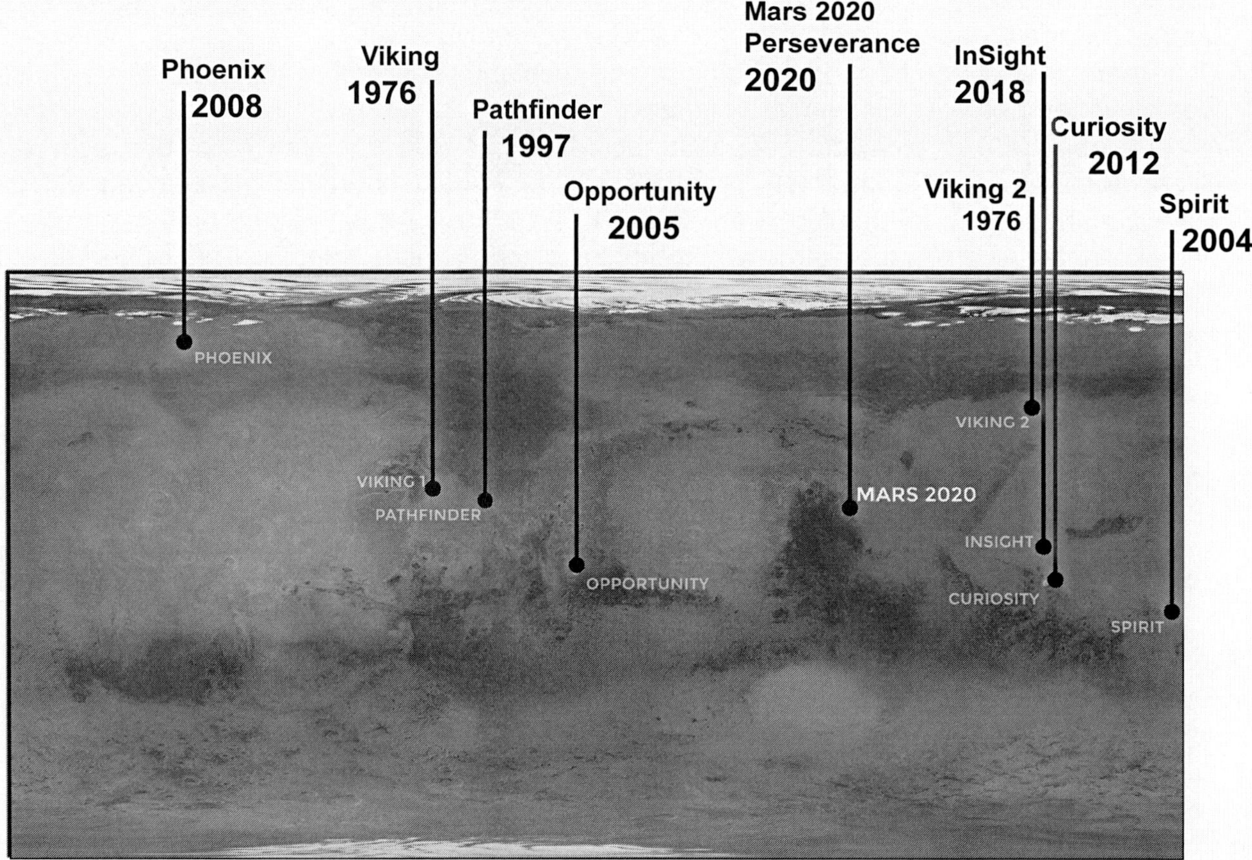

Perseverance beim Fahrtest

STATIONENLERNEN GESCHICHTE DER RAUMFAHRT
Kopiervorlagen zum Einsatz in der Sekundarstufe – Bestell-Nr. 12 785

Station – Die Planeten

Die Gasplaneten

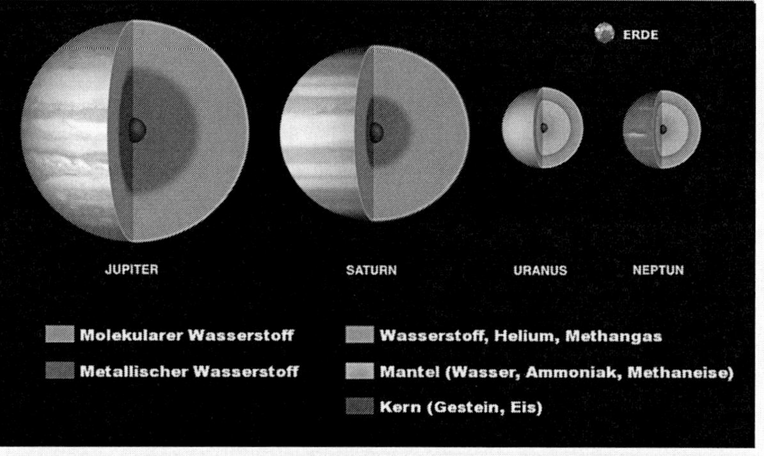

Jupiter, Saturn, Uranus und Neptun gehören zu den Gasplaneten. Sie haben keine feste Oberfläche. Das Gas wird mit zunehmender Tiefe dichter, da es durch die darüber befindlichen Schichten komprimiert wird. Dennoch können diese Planeten einen festen Kern haben. Ein Gasplanet oder Gasriese ist ein Riesenplanet, der überwiegend aus leichten Gasen wie Wasserstoff und Helium besteht. Früher galten vier Planeten des Sonnensystems als Gasriesen: Jupiter, Saturn, Uranus und Neptun. Seit den 1990er Jahren bezeichnen Astronomen zunehmend mit dem Begriff Gasriese nur noch Jupiter und Saturn. Sie nennen Uranus und Neptun, die eine andere Zusammensetzung haben, Eisriesen.

Die Gasriesen Jupiter und Saturn haben eine dicke Atmosphäre, die hauptsächlich aus Wasserstoff und Helium besteht.

Die Eisriesen Uranus und Neptun bestehen nur zu einem vergleichsweise kleinen Anteil aus Wasserstoff und Helium. Sie setzen sich zum Großteil aus Wasser (Eis), Ammoniak und Methan zusammen.

a) *Erkläre den Unterschied zwischen Gasplaneten und Eisplaneten.*

b) *Erstelle zu den 4 Planeten Jupiter, Saturn, Uranus und Neptun einen Steckbrief: Recherchiere dazu im Internet oder Büchern*

	Jupiter	Saturn	Uranus	Neptun
Durchmesser				
Tageslänge				
Drehung um die Sonne				
Entfernung zur Sonne				
Durchschnittstemperatur				
Atmosphäre				

Station – Die Planeten

Lösung

Die Gasplaneten

a) Die Gasplaneten Jupiter und Saturn haben eine dicke Atmosphäre, die hauptsächlich aus Wasserstoff und Helium besteht.
Die Eisplaneten Uranus und Neptun bestehen nur zu einem vergleichsweise kleinen Anteil aus Wasserstoff und Helium. Sie setzen sich zum Großteil aus Wasser (Eis), Ammoniak und Methan zusammen.

b)

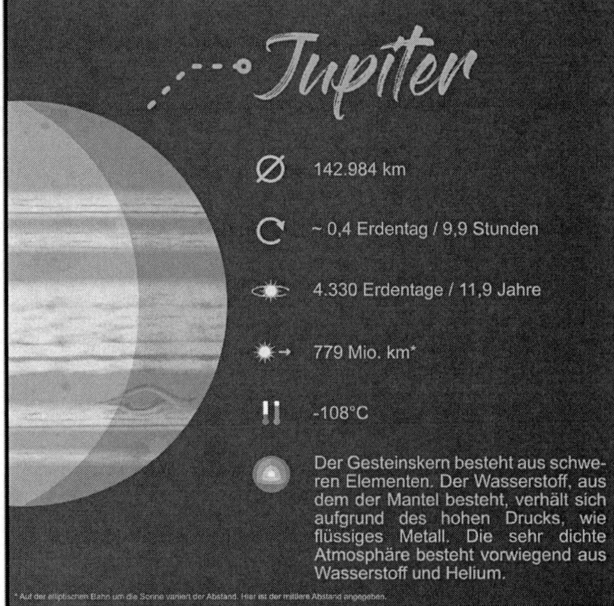

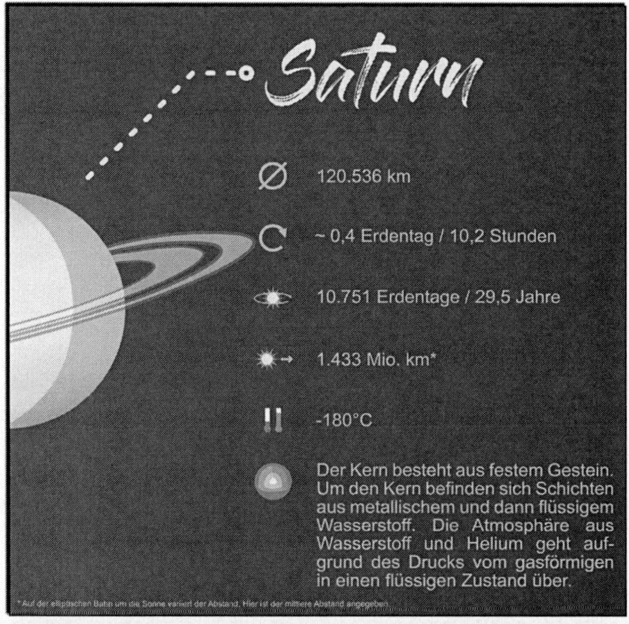

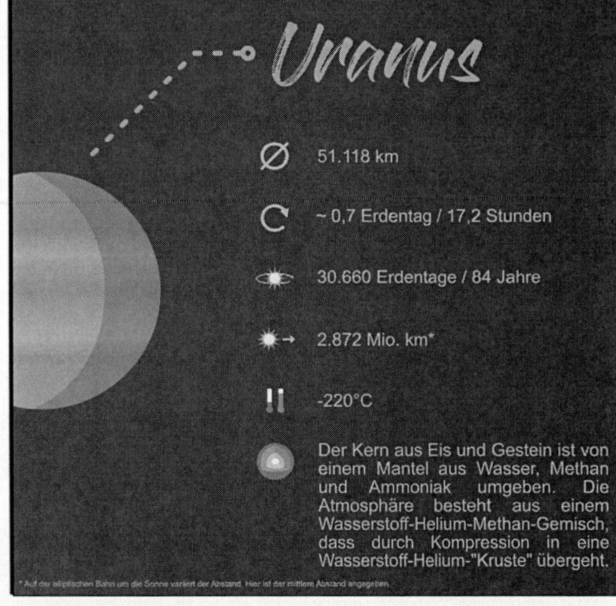

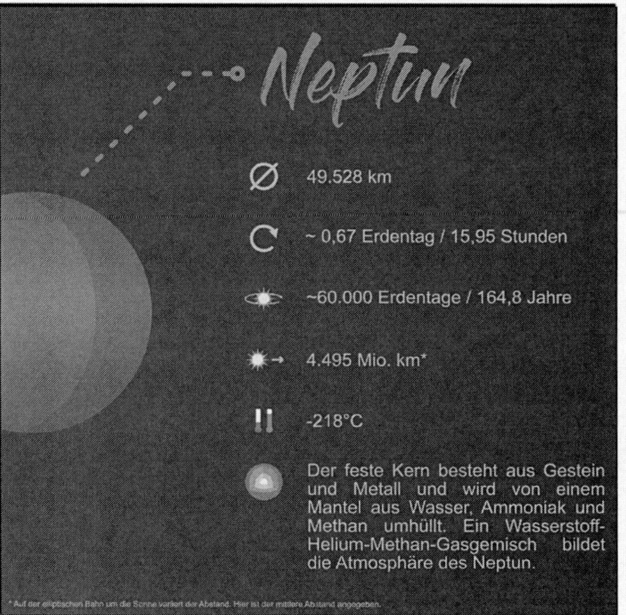

Station – Die Planeten

Jupiter, Saturn, Uranus und Neptun

Seit 1972 wurden neun Missionen ins äußere Sonnensystem gestartet, die ausnahmslos von der NASA, teilweise mit Beteiligung von europäischen Raumfahrtorganisationen, entworfen und durchgeführt wurden.

1973 – Erste Sonde bei Jupiter – Pioneer 10

Die Sonde passiert am 3. Dezember den Planeten Jupiter und liefert erste Bilder. Sie wurde am 3. März 1972 von Cape Canaveral gestartet. Die Sonde hat viele Erkenntnisse über den Planeten Jupiter, den Asteroidengürtel, aber auch über die äußeren Regionen des Sonnensystems erbracht. Pioneer 10 erwies sich als äußerst robust und sendete das letzte Mal im Januar 2003 Daten zur Erde. Mit einer Missionsdauer von knapp 31 Jahren übertraf sie ihre geplante Lebensdauer von 21 Monaten um einiges.

1979 – Erste Sonde bei Saturn – Pioneer 11

Am 1. September passiert die Sonde den Planeten Saturn und liefert als erste Bilder von der Ringwelt aus einer Entfernung von nur 20.800 Kilometern. Sie wurde am 6. April 1973 von Cape Canaveral gestartet. Die 259 kg schwere Sonde hatte die Aufgabe, die Planeten Jupiter und Saturn zu erforschen. Wie auch bei Pioneer 10 befand sich an Bord von Pioneer 11 eine Plakette, die eine Botschaft der Menschheit an etwaige außerirdische Lebewesen enthielt. Der Vorbeiflug an Saturn fand am 1. September 1979 statt. Die Sonde entdeckte Details der Saturnringe und einen neuen Saturnmond. Wegen Treibstoffmangels wurde die Mission zum 30. September 1995 eingestellt.

1986 – Erste Sonde bei Uranus – Voyager 2

Am 24. Januar 1986 kam die Raumsonde bis auf 81.500 Kilometer an Uranus heran. Sie schickt Bilder von ihm zur Erde und entdeckt 10 neue Uranusmonde sowie ein Ringsystem. Voyager 2 ist eine Raumsonde der NASA zur Erforschung des äußeren Planetensystems. Sie wurde am 20. August 1977 von Cape Canaveral gestartet.

1989 – Erste Sonde bei Neptun – Voyager 2

Die Raumsonde **Voyager 2** erreicht am 24. August den Planeten Neptun und passiert diesen in einer Entfernung von nur 5.000 Kilometern. Sie entdeckt 6 neue Neptunmonde.

a) *Nenne zu jedem Gasplaneten das Besuchsjahr, die Raumsonde und die Entdeckungen, die gemacht wurden.*

	Jupiter	Saturn	Uranus	Neptun
Erster Besuch				
Name der Sonde				
neue Erkenntnisse – Entdeckungen				

b) *Finde heraus, wo sich Voyager 1 und 2 heute befinden. Recherchiere dazu im Internet oder Büchern.*

STATIONENLERNEN GESCHICHTE DER RAUMFAHRT
Kopiervorlagen zum Einsatz in der Sekundarstufe – Bestell-Nr. 12 785

Station – Die Planeten

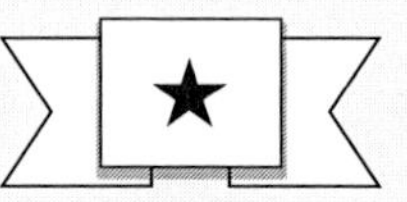

Lösung

Jupiter, Saturn, Uranus und Neptun

a)

	Jupiter	Saturn	Uranus	Neptun
Erster Besuch	3.12.1973	1.9.1979	24.1.1986	24.8.1989
Name der Sonde	Pioneer 10	Pioneer 11	Voyager 2	Voyager 2
neue Erkenntnisse – Entdeckungen	Neuigkeiten über Jupiter; den Asteroiden-gürtel und die äußeren Regionen des Sonnensystems	Details der Saturnringe und einen neuen Saturnmond	10 neue Uranusmonde und ein Ringsystem	6 neue Neptunmonde

b)

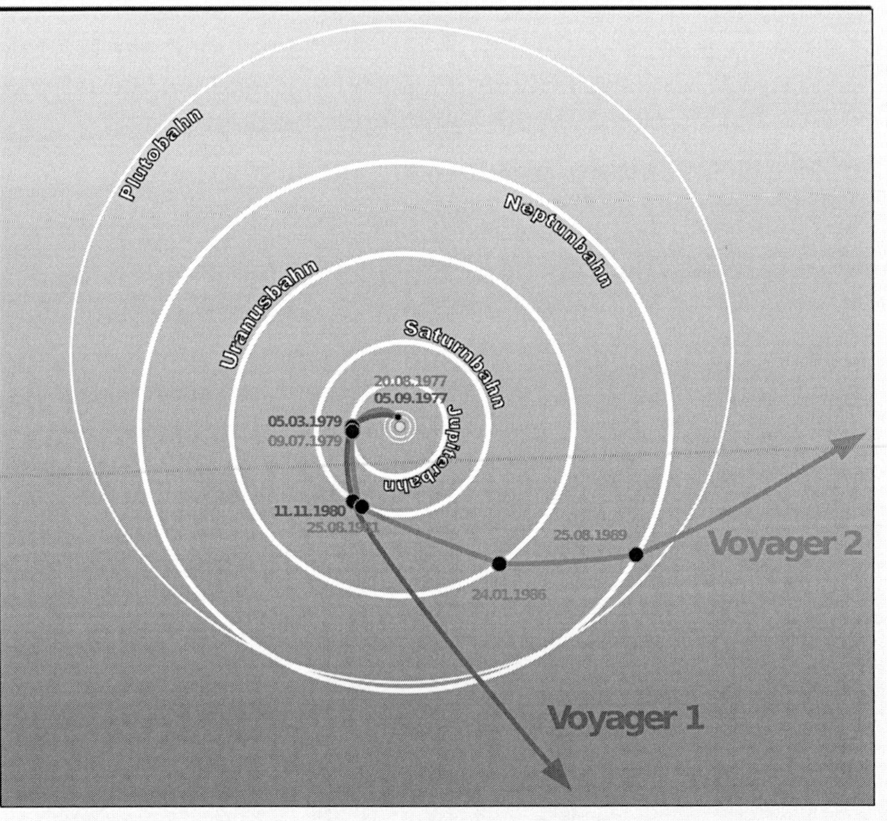

Voyager 2 und ihre Schwestersonde Voyager 1 waren 1977 gestartet. Beide haben inzwischen unser Sonnensystem verlassen. Voyager 1 befindet sich in rund 21 Milliarden Kilometer Entfernung im interstellaren Raum und ist damit die am weitesten von der Erde entfernte Sonde. Voyager 2 hat am 5. November 2018 die Heliosphäre, den Bereich der Magnet-felder um die Sonne, verlassen. Die Sonde ist inzwischen fast 19 Milliarden Kilometer von der Erde entfernt, kann aber noch mit den Forschern kommunizieren. Allerdings dauert jede Übertragung von Information über 17 Stunden.

STATIONENLERNEN GESCHICHTE DER RAUMFAHRT
Kopiervorlagen zum Einsatz in der Sekundarstufe – Bestell-Nr. 12 785

Station – Die Planeten

Asteroiden und Kometen

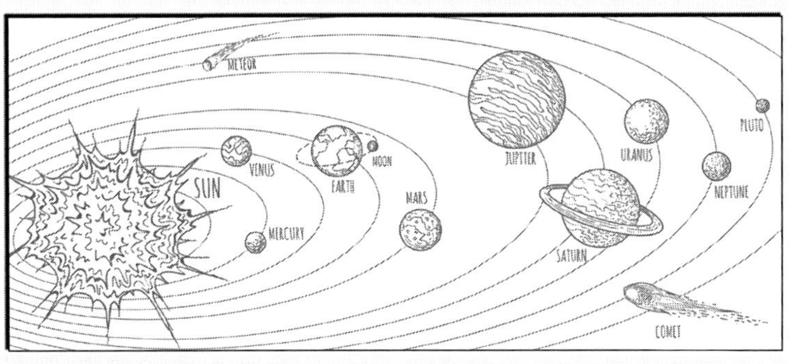

Zwischen den inneren und äußeren Planeten, genau zwischen Mars und Jupiter, kreisen eine große Zahl kleiner Fels- und Metallkörper: die Asteroiden. Man spricht von einem Asteroidengürtel. Asteroiden können so klein wie ein Fußball oder so groß wie ein Berg sein. Hier herrscht ein Verkehr, fast wie auf der Autobahn. Ab und zu kommt es sogar zu „Verkehrsunfällen“, wenn zwei Asteroiden zusammenstoßen. Dabei können sie auseinanderbrechen oder Teile verlieren.

Ein Komet besteht aus Gestein, Staub und Eis. Er hat einige km Durchmesser und eine unregelmäßige Form. Wenn sich ein Komet der Sonne nähert, schmilzt ein Teil des Eises. Dadurch entsteht ein Schweif aus Staub und Dampf, der im Sonnenlicht leuchtet. Manche Kometen kommen regelmäßig zur Sonne. Der Halleysche Komet erscheint ungefähr alle 76 Jahre. Zuletzt war er 1986 da. Im Jahre 2061 wird er wieder erwartet.

a) *Zeichne den Asteroidengürtel in Bild oben mit Punkten ein!*

b) *Wodurch entsteht der Schweif eines Kometen?*

Station – Die Planeten

Sternschnuppen und Meteoroide

Der Weltraum zwischen den Planeten ist nicht leer, dort schwirrt eine Menge Staub herum. Die Staubkörnchen und kleinen Gesteinsklumpen werden Meteoroide genannt. Sie können von wenigen Millimetern bis zu mehreren Metern groß sein. Sie bewegen sich auf einer Umlaufbahn um die Sonne. Ein Meteoroid ist kleiner als ein Asteroid. Beim Eintritt eines Meteoroiden in die Erdatmosphäre kann eine Leuchterscheinung – auch Meteor oder Sternschnuppe genannt – entstehen. Durch die Reibung mit der Luft erhitzen sich schnell auf die Erde fallende Meteoroide stark und können dabei vollständig verdampfen. Erreichen Gesteinsbrocken die Erdoberfläche, werden sie als Meteoriten bezeichnet.

Wenn die Erde in ihrer Bahn auf diese Staubkörner trifft, regnet es Sternschnuppen. Wir beobachten dann, wie die Staubkörner aufleuchten und beim Eintritt in die Lufthülle der Erde geraten sind und dort verglühen.

a) *Erkläre, was ein Meteoroid, ein Meteor und ein Meteorit ist.*

b) *Wenn du eine Sternschnuppe siehst ... Finde heraus, was dann geschehen kann und notiere*

Station – Die Planeten

Lösung

Asteroiden und Kometen

a)

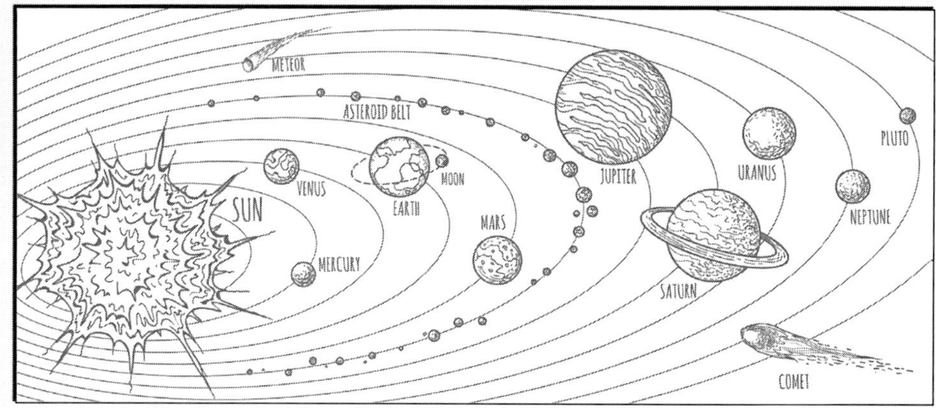

b) Wenn sich ein Komet der Sonne nähert, schmilzt ein Teil des Eises. Dadurch entsteht ein Schweif aus Staub und Dampf, der im Sonnenlicht leuchtet.

Station – Die Planeten

Lösung

Sternschnuppen und Meteoroide

a) Meteoroide heißen die kleinen Objekte, solange sie sich noch im Weltraum befinden, Meteore (Sternschnuppen), wenn sie beim Eintritt in die Erdatmosphäre verglühen. Meteoriten werden sie erst genannt, sobald sie die Oberfläche eines Planeten erreicht haben.

b) Wer eine Sternschnuppe sieht und sich etwas wünscht, dessen Wunsch geht in Erfüllung, aber niemand darf von dem Wunsch erfahren.

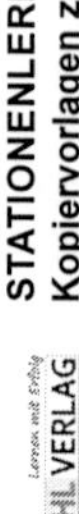

Station – Die Weltraumfahrt

Der Beginn der Weltraumfahrt

Als 1957 der erste Satellit Sputnik ins All geschossen wurde, begann das Raumfahrt-Zeitalter. Seither ist viel passiert: Menschen leben auf Raumstationen im Weltall, sind auf dem Mond gelandet und lassen sogar Autos auf dem Mars herumfahren!
Aber nicht nur Astronauten und Forscher sind im Weltall anzutreffen: Inzwischen gibt es sogar Touristen, die ihre Ferien im All verbringen.
Zur Erinnerung an die erste Landung von Menschen auf dem Mond am 20. Juli 1969 ist jedes Jahr am 20. Juli der Weltraumforschungstag. Die Raumfahrt hat der Wissenschaft wichtige Erkenntnisse gebracht, forderte aber auch schon zahlreiche Menschenleben.

a) *Was gibt es alles Neues seit 1957? Berichte, was du weißt.*

b) *Wer war der erste Mensch, der am 20. Juli 1969 den Mond betrat?*

Station – Die Weltraumfahrt

  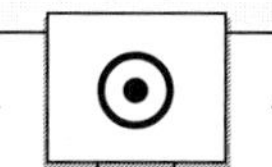

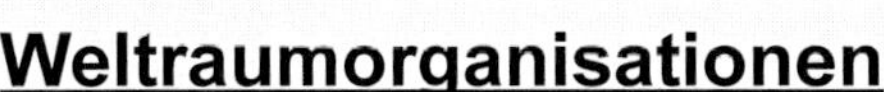

Weltraumorganisationen

Viele Staaten unterhalten nationale Weltraumorganisationen zur Erforschung und Nutzung des Weltraums. Die Organisationen sind teilweise für den zivilen und militärischen Aspekt des Weltraums zuständig, manchmal auch für die wissenschaftliche Entwicklung der Luftfahrt.
Die bekannteste nationale Weltraumorganisation ist die am 29. Juli 1958 gegründete National Aeronautics and Space Administration (NASA), die zivile US-Bundesbehörde für Luft- und Raumfahrt. Ihr ist es als erster gelungen, Menschen auf den Mond zu schicken. Neben nationalen Organisationen gibt es auch Zusammenschlüsse von mehreren Staaten wie die Europäische Weltraumorganisation (engl. European Space Agency, kurz ESA). Diese wurde am 30. Mai 1975 gegründet und hat 22 Mitgliedsstaaten. Die russische Weltraumorganisation heißt Roskosmos.

Recherchiere dazu im Internet oder Büchern.

a) *Finde weitere 6 Länder, die eigene Weltraumorganisationen unterhalten.*
b) *Welche 22 Länder gehören der ESA an?*
c) *Finde heraus, wann Roskosmos gegründet wurde.*

STATIONENLERNEN GESCHICHTE DER RAUMFAHRT
Kopiervorlagen zum Einsatz in der Sekundarstufe – Bestell-Nr. 12 785
KOHL VERLAG

Station – Die Weltraumfahrt

Der Beginn der Weltraumfahrt

Lösung

a) Der Mond wurde durch zahlreiche Sonden untersucht.
Menschen flogen zum Mond und erkundeten ihn.
Alle Planeten bekamen Besuch von Raumsonden und konnten erforscht und fotografiert werden.
Raumstationen wurden in Umlaufbahnen um die Erde gebracht und waren Arbeitsplatz für viele Astronauten.
Einige Sonden (Voyager, Pioneer), die damals losgeschickt wurden, verlassen mittlerweile sogar das Sonnensystem.
Touristen können ins Weltall fliegen.

b) Der erste Mensch auf dem Mond war Neil Armstrong.

Station – Die Weltraumfahrt

Weltraumorganisationen

a) Frankreich, Kanada, Russland, China, Japan, Nordkorea, Japan, Israel …

b) Belgien, Dänemark, Deutschland, Estland, Finnland, Frankreich, Griechenland, Großbritannien, Irland, Italien, Luxemburg, Niederlande, Norwegen, Österreich, Polen, Portugal, Rumänien, Schweden, Schweiz, Spanien,Tschechische Republik und Ungarn.

c) Roskosmos ist ein staatliches Unternehmen und am 1. Januar 2016 aus der ehemaligen und gleichnamigen Raumfahrtbehörde hervorgegangen.

Station – Die Weltraumfahrt

!

1957 – 1971

Verbinde die Ereignisse passend.
Bringe sie dann in die richtige Reihenfolge.

20. Juli 1969:
Apollo 11 Erster Mensch auf dem Mond

1960 startet Sputnik 5.

12. April 1961:
Erster Mensch im All

5. Oktober 1957:
Sputnik – erster Satellit im All

3. November 1957:
Sputnik II – erstes Lebewesen im All

19. April 1971:
Saljut-1 – erste Raumstation im All

Mit dem Sputnik 1 begann 1957 das Zeitalter der Raumfahrt. Der Sowjetunion (heute Russland) gelingt es, vor Amerika einen Satelliten in die Umlaufbahn der Erde zu senden.

Nur einen Monat später fliegt Hündin „Laika“ durchs All, stirbt aber wenige Tage später an Sauerstoffmangel.

Mit Sputnik 5 wurden sogar zwei Hunde in den Weltraum befördert und auch sicher auf die Erdoberfläche zurückgebracht.

Juri Gagarin fliegt 1961 in 108 Minuten rund um die Erde und kehrt wohlbehalten zurück.

Am Abend des 20. Juli 1969 betrat Neil Armstrong als erster Mensch den Mond. Mit dem bekannten Spruch: „That‘s one small step for a man, one giant leap for mankind“.

Nachdem die Amerikaner den Wettlauf zum Mond gewonnen haben, setzt Russland ab Anfang der 70er Jahre auf ständig besetzte Raumstationen. Raumstation Saljut-1 bleibt insgesamt 175 Tage im All.

STATIONENLERNEN GESCHICHTE DER RAUMFAHRT
Kopiervorlagen zum Einsatz in der Sekundarstufe – Bestell-Nr. 12 785

Station – Die Weltraumfahrt

1957 – 1971

Lösung

5. Oktober 1957: Sputnik – erster Satellit im All	Mit dem Sputnik 1 begann 1957 das Zeitalter der Raumfahrt. Der Sowjetunion (heute Russland) gelingt es, vor Amerika einen Satelliten in die Umlaufbahn der Erde zu senden.
3. November 1957: Sputnik II – erstes Lebewesen im All	Nur einen Monat später fliegt Hündin „Laika" durchs All, stirbt aber wenige Tage später an Sauerstoffmangel.
1960 startet Sputnik 5.	Mit Sputnik 5 wurden sogar zwei Hunde in den Weltraum befördert und auch sicher auf die Erdoberfläche zurückgebracht.
12. April 1961: Erster Mensch im All	Juri Gagarin fliegt 1961 in 108 Minuten rund um die Erde und kehrt wohlbehalten zurück.
20. Juli 1969: Apollo 11 Erster Mensch auf dem Mond	Am Abend des 20. Juli 1969 betrat Neil Armstrong als erster Mensch den Mond. Mit dem bekannten Spruch: „That's one small step for a man, one giant leap for mankind".
19. April 1971: Saljut-1 – erste Raumstation im All	Nachdem die Amerikaner den Wettlauf zum Mond gewonnen haben, setzt Russland ab Anfang der 70er Jahre auf ständig besetzte Raumstationen. Raumstation Saljut-1 bleibt insgesamt 175 Tage im All.

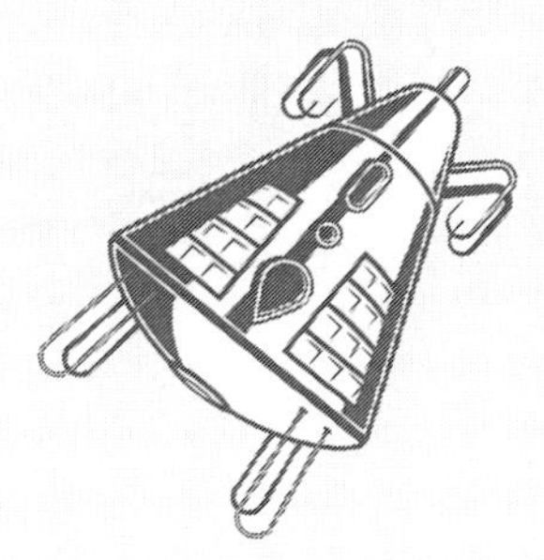

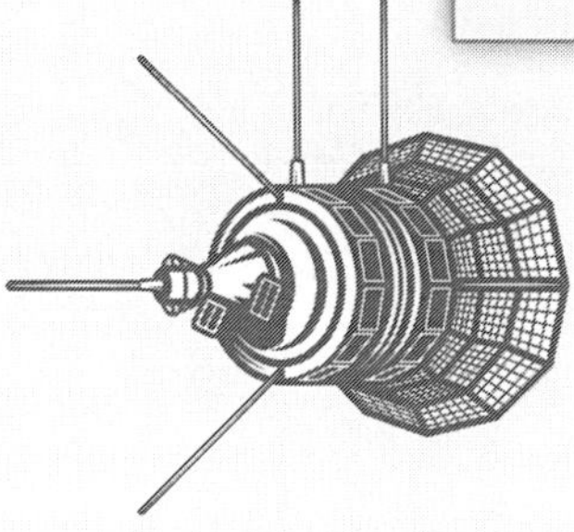

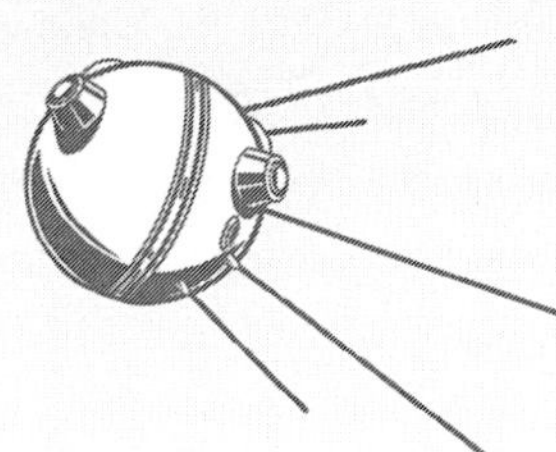

STATIONENLERNEN GESCHICHTE DER RAUMFAHRT
Kopiervorlagen zum Einsatz in der Sekundarstufe – Bestell-Nr. 12 785
KOHL VERLAG

Station – Die Weltraumfahrt

Weltraumbahnhöfe

Ein Weltraumbahnhof ist ein Startplatz, von dem aus Trägerraketen mit Raumfahrzeugen in eine Umlaufbahn um einen Planeten starten. Befördert werden Satelliten, Raumsonden oder Raumschiffe.

Man braucht einen geeigneten Platz, an dem die Rakete ihre Triebwerke zünden und himmelwärts starten kann. Deshalb werden Weltraumbahnhöfe in dünn besiedelten Gebieten oder auch an der Küste eines Ozeans errichtet.

Sie befinden sich oft in Äquatornähe, da die Raketen hier den meisten Schwung von der Erddrehung mitnehmen können. Die Erde dreht sich von West nach Ost. Die Raketen starten mit der Erddrehung und nehmen diesen Drehimpuls mit. Dadurch kann Treibstoff gespart werden.

Da manch eine Rakete den Orbit aufgrund technischer Probleme nicht erreicht, sollte ein großes Gebiet östlich des Bahnhofs nicht besiedelt sein. Hin und wieder kommt es vor, dass eine Rakete kurz nach dem Start explodiert und brennende Teile abstürzen. Aber auch wenn alles planmäßig läuft, verliert die Rakete einige ihrer Teile. Leere Treibstoffbehälter und ausgebrannte Raketenstufen werden abgeworfen und verglühen meist in der Atmosphäre. Manche erreichen aber trotzdem den Erdboden.

Auch das Wetter sollte berechenbar sein. Bei starkem Wind und Regen oder bei Schneesturm können keine Starts und Landungen erfolgen. Ein Weltraumbahnhof sollte in einem politisch stabilen Gebiet liegen. Gebiete, die keine politische Sicherheit bieten können, sind für Weltraumbahnhöfe ungeeignet.

a) *Was ist ein Weltraumbahnhof? Erkläre.*

b) *Nenne die Gegebenheiten, die die Lage eines Weltraumbahnhofs bestimmen sollten.*

c) *Finde auf der Karte bekannte Weltraumbahnhöfe und kreise sie ein.*

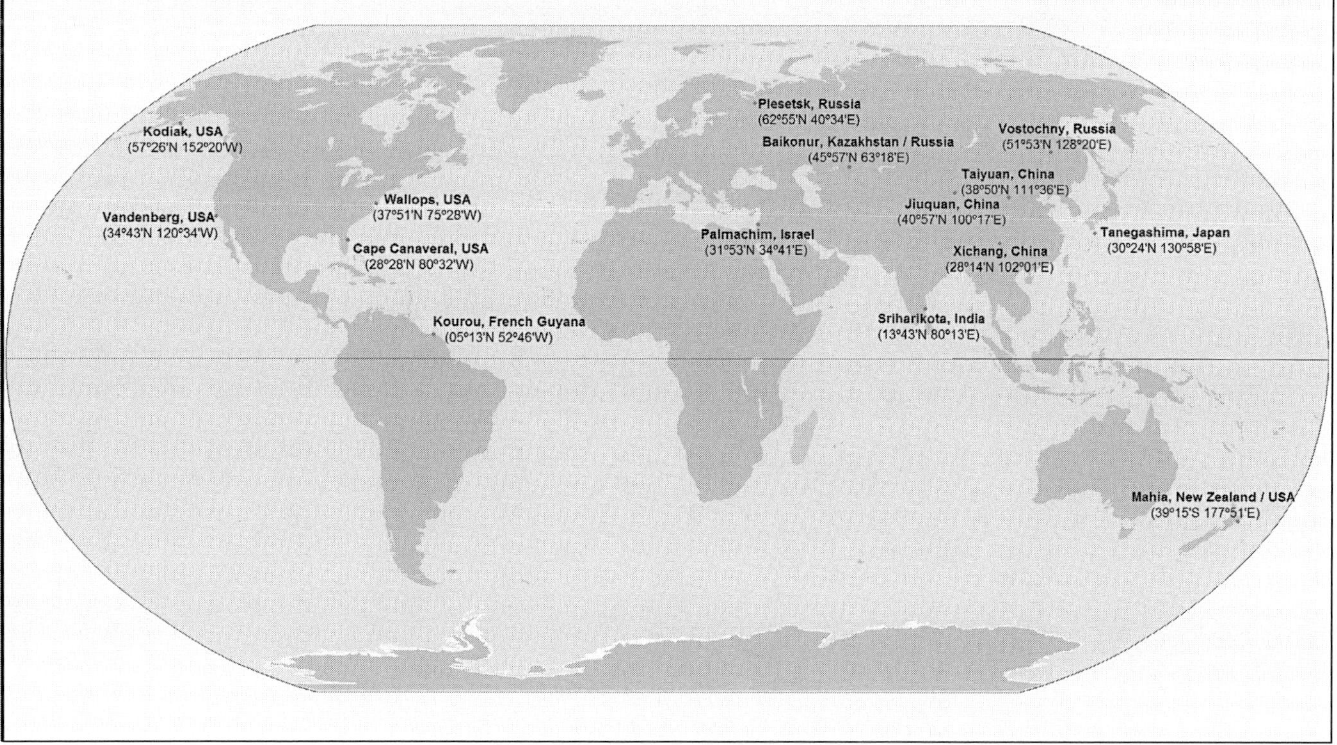

STATIONENLERNEN GESCHICHTE DER RAUMFAHRT
Kopiervorlagen zum Einsatz in der Sekundarstufe – Bestell-Nr. 12 785

Station – Die Weltraumfahrt

Lösung

Weltraumbahnhöfe

a) Ein Weltraumbahnhof ist ein Startplatz, von dem aus Trägerraketen mit Raumfahrzeugen in eine Umlaufbahn um einen Planeten starten. Befördert werden Satelliten, Raumsonden oder Raumschiffe.

b) Weltraumbahnhöfe sollten errichtet werden
- in dünn besiedelten Gebieten oder an der Küste
- in Äquatornähe
- nicht in Schlecht-Wetter-Gebieten
- in Gebieten, die politisch sicher sind

c) Die wohl bekanntesten Weltraumbahnhöfe sind Cape Canaveral, Kourou, Baikinur und Wostotschny.

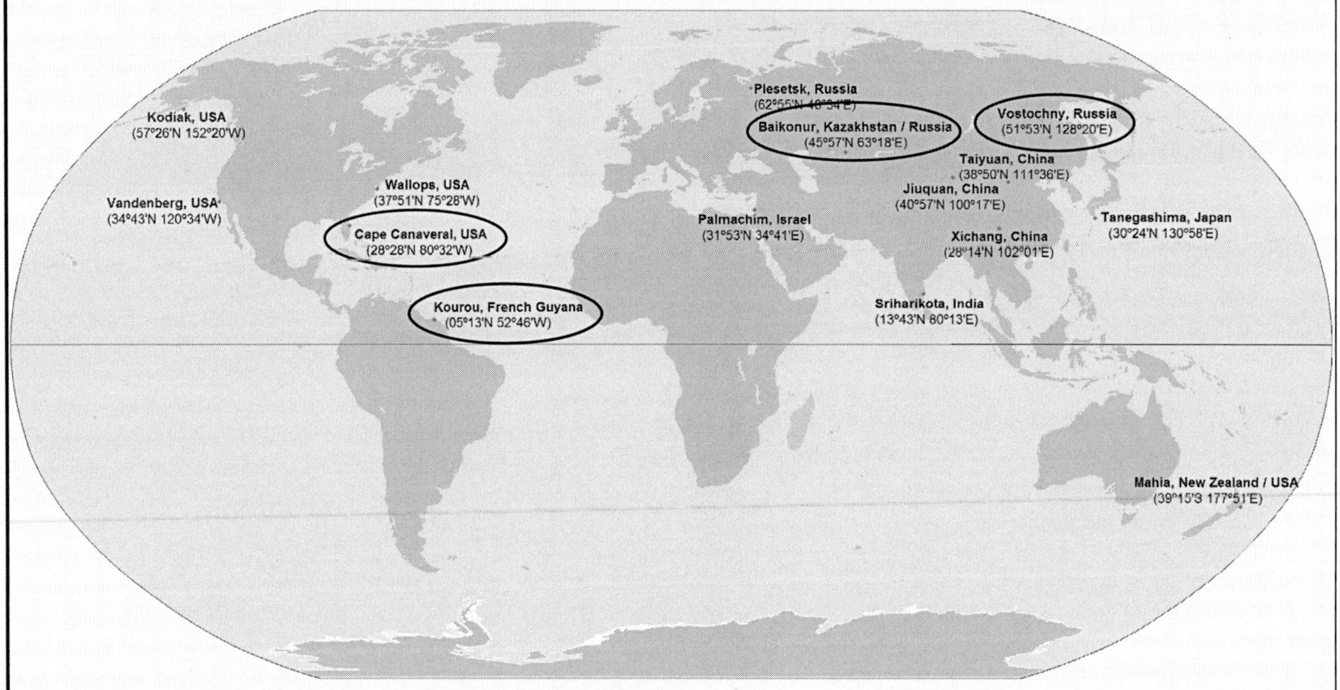

KOHL VERLAG
STATIONENLERNEN GESCHICHTE DER RAUMFAHRT
Kopiervorlagen zum Einsatz in der Sekundarstufe – Bestell-Nr. 12 785

Station – Die Weltraumfahrt

Bekannte Weltraumbahnhöfe

Die Europäische Union hat ihren Weltraumbahnhof nicht im dicht besiedelten Europa, sondern in Mittelamerika, in Kourou in Französisch-Guayana. Das Land gehört zu Frankreich und grenzt im Osten direkt an den Atlantik. Zudem befindet es sich in Äquatornähe nahe dem 5. Breitengrad, daher ein idealer Standort!

Die USA betreibt mehrere Weltraumbahnhöfe. Der bekannteste und am häufigsten genutzte ist das Kennedy Space Center in Cape Canaveral in Florida mit dem Atlantik im Osten. Ab 1968 wurde der Ort im Zuge der Mondflüge zum Weltraumbahnhof ausgebaut. Hier starteten und landeten auch die Space Shuttles, die die Astronauten und Versorgungsgüter zur Raumstation ISS brachten oder Satelliten im Erdorbit aussetzten. Ebenfalls hier begannen seit Dezember 1968 alle bemannten Raumflüge der USA. Zuerst die Apollo-Missionen und von 1981 bis 2011 die Space Shuttles, die dort auch teilweise wieder landeten.

Russland hat seinen Weltraumbahnhof Kosmodrom genannt und die Stadt Baikonur von Kasachstan gepachtet. Das Land bezahlt dafür 115 Millionen Dollar jährlich. Der Vertrag läuft noch bis 2050. Vom Kosmodrom starten seit 1957 sowjetische bzw. russische Weltraum-Missionen. Es ist der weltweit erste und derzeit größte Weltraumbahnhof. Am 27. Februar 1961 erfolgte der erste Start in Baikonur.
Mit der Einstellung des amerikanischen Space-Shuttle-Programms wurde Baikonur zum einzigen Startplatz für bemannte Raumflüge zur internationalen Raumstation ISS. Russlands neuer Weltraumbahnhof heißt Wostotschny, was „der Östliche“ bedeutet. Das Kosmodrom liegt im fernen Osten Sibiriens, im Amurgebiet fast 6.000 Kilometer östlich von Moskau. Ende der zwanziger Jahre sollen Kosmonauten von Wostotschny aus mit dem Federazija-Raumschiff zum Mond fliegen – so jedenfalls lautet derzeit das offizielle Ziel des Raumfahrtprogramms.

a) *Was macht den Standort des Weltraumbahnhofs der EU so ideal?*
b) *Von welchem Weltraumbahnhof starteten seit 1968 alle bemannten Raumflüge?*
c) *Welcher berühmte Satellit und welches Ereignis gingen von Baikonur aus?*
d) *Wann wurde Russlands neuer Weltraumbahnhof offiziell eröffnet?*

STATIONENLERNEN GESCHICHTE DER RAUMFAHRT
Kopiervorlagen zum Einsatz in der Sekundarstufe – Bestell-Nr. 12 785

Station – Die Weltraumfahrt

!
Lösung

Bekannte Weltraumbahnhöfe

a) Der Weltraumbahnhof der Europäischen Union liegt in Französisch-Guayana, direkt am Atlantik, dazu auch noch fast am Äquator.

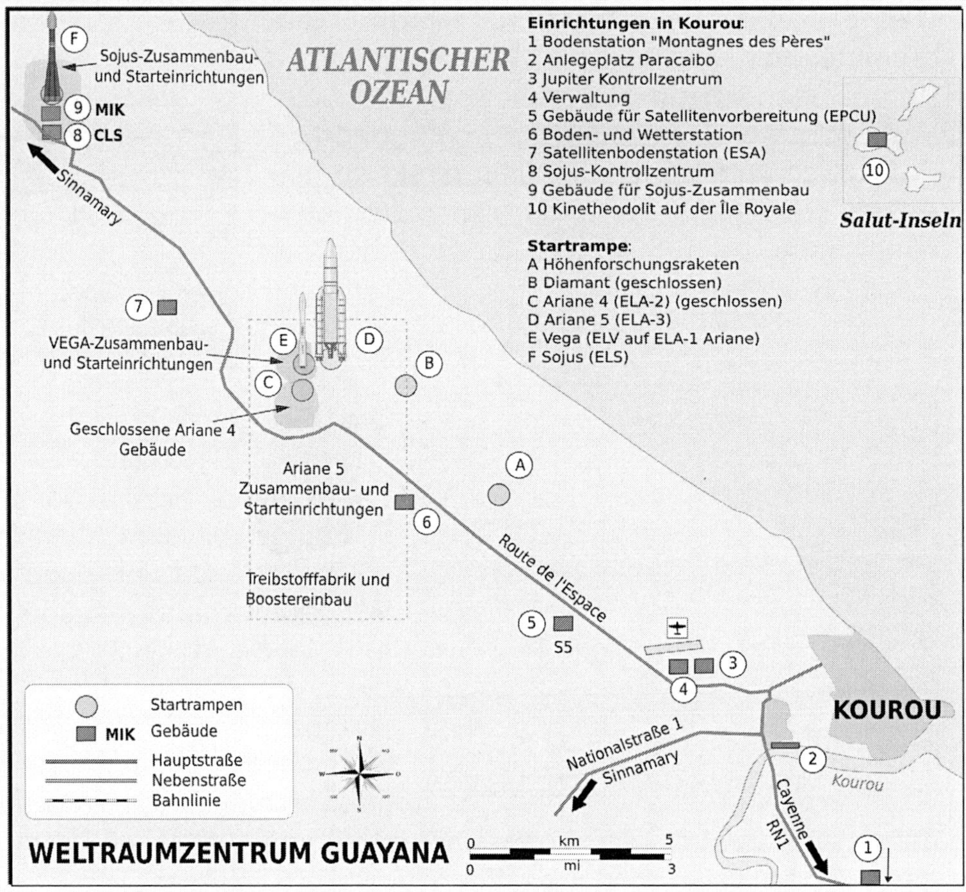

b) Alle bemannten Raumflüge starteten vom Kennedy Space Center in Cape Canaveral in Florida.

c) Sowohl Sputnik, der erste Satellit, also auch Juri Gagarin, der erste Mensch im All, haben ihre Reise in Baikonur angetreten.

d) Russlands neuer Weltraumbahnhof Wostotschny wurde offiziell 2016 eröffnet.

STATIONENLERNEN GESCHICHTE DER RAUMFAHRT
Kopiervorlagen zum Einsatz in der Sekundarstufe – Bestell-Nr. 12 785

Station – Leben im Weltraum

Die erste Raumstation – Saljut 1

Saljut 1 war die erste Raumstation der Welt und die erste Station der Saljut-Serie. Entwickelt und gebaut wurde sie in der Sowjetunion. Saljut 1 startete am 19. April 1971 in den Orbit. Fünf Tage nach dem Start, am 24. April 1971, sollten die ersten Menschen in die Station einziehen. Doch das Raumschiff Sojus-10 konnte nicht ankoppeln – und die drei Kosmonauten mussten zur Erde zurückkehren. Gut sechs Wochen später startete Sojus-11 erneut. Georgi Dobrowolski, Wiktor Pazajew und Wladislaw Wolkow nahmen Saljut-1 in Betrieb. Bei der Rückkehr zur Erde kam es zur Katastrophe: Durch ein Leck in einer Luke entwich die Luft aus der Sojus-Kapsel und die drei Kosmonauten kamen ums Leben. Weitere Flüge ins All wurden für zwei Jahre ausgesetzt.

Die Raumstation war 16 Meter lang und kreiste gut 200 Kilometer hoch um die Erde. Die Station war an 24 Tagen bemannt und verglühte nach 175 Tagen im Orbit.

a) *Warum konnten die ersten Kosmonauten nicht auf der Saljut 1 landen?*

b) Wie hoch über der Erde kreiste Saljut 1?

c) Wie lange lebten Menschen auf der Station?

Station – Leben im Weltraum

Raumstation „Mir“

Am 19. Februar 1986 startete die russische Raumstation Mir („Frieden“). Sie war die erste auf einen dauerhaften Betrieb ausgelegte Raumstation. Was am 23. März 2001 in der Erdatmosphäre verglühte, waren die letzten Reste der Station, die 5.511 Tage im Orbit die Erde umkreist hatte. Die Mir schaffte 86.325 Erdumkreisungen. Sie brauchte für eine Umkreisung etwa 89 Minuten. Als im Kontrollzentrum nahe Moskau der Absturz eingeleitet wurde, war es das Ende eines großen Raumfahrtprojekts.

Nachdem die Mir in den ersten Jahren nur von der Sowjetunion und den Ostblockstaaten genutzt wurde, gab es später auch Kooperationen mit anderen Staaten.

a) *Wie viele Jahre war die Mir im Orbit?*

b) *Was bedeutet „Mir“ auf Deutsch?*

c) *Wann verglühte die Raumstation in der Erdatmosphäre?*

STATIONENLERNEN GESCHICHTE DER RAUMFAHRT
Kopiervorlagen zum Einsatz in der Sekundarstufe – Bestell-Nr. 12 785

Station – Leben im Weltraum

Lösung

Die erste Raumstation – Saljut 1

a) Das Raumschiff Sojus-10 konnte nicht ankoppeln, daher mussten die Kosmonauten unverrichteter Dinge wieder abfliegen.

Ein Saljut 1 Sojus bereitet sich darauf vor, an der Vorderseite der Station anzudocken

b) Saljut 1 kreiste gut 200 km über der Erde.

c) Die Station war an 24 Tagen bemannt

Station – Leben im Weltraum

Lösung

Raumstation „Mir“

a) Die Raumstation Mir war gut 15 Jahre im Orbit.

b) „Mir“ bedeutet auf Deutsch „Frieden“.

c) Die Mir verglühte am 23. März 2001.

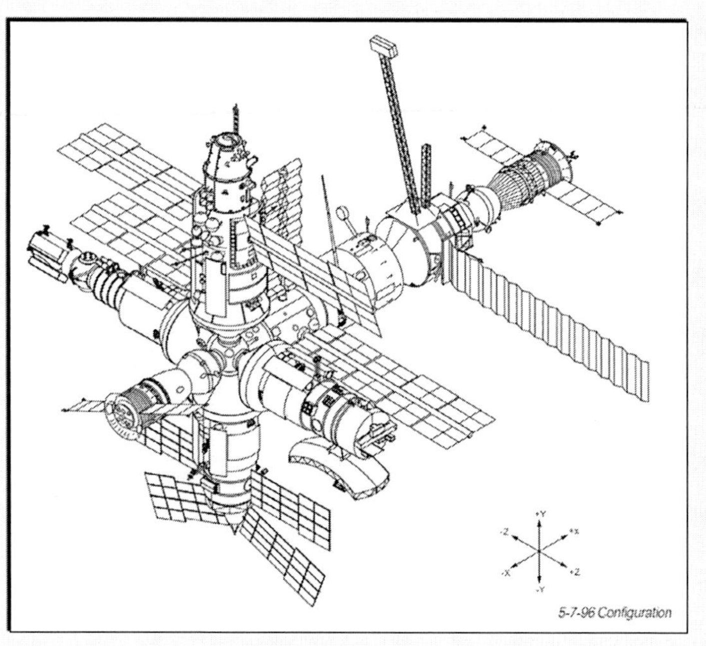

5-7-96 Configuration

Station – Leben im Weltraum

Die Internationale Raumstation ISS

Am 20. November 1998 wird das erste Bauteil der Internationalen Raumstation ISS (International Space Station), das von Russland gebaute Fracht- und Antriebsmodul Sarja, in die Umlaufbahn gebracht. Das zweite Modul, Unity (von der NASA) folgt am 4. Dezember. Stück für Stück sollte die ISS wachsen. Die Internationale Raumstation ist ein Gemeinschaftsprojekt von mindestens 16 Staaten.

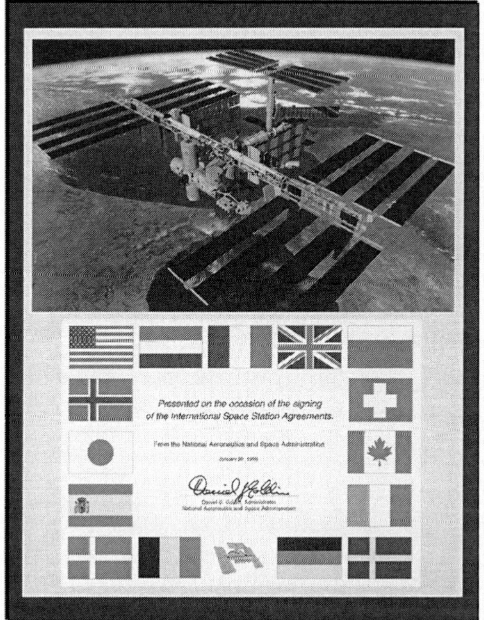

Seit dem 2. November 2000 ist die ISS dauerhaft von Raumfahrern bewohnt.
Ursprünglich war ein Betrieb der ISS bis spätestens 2020 geplant. Am 8. Januar 2014 gab die NASA jedoch nach Absprache mit den internationalen Partnern bekannt, dass die Station bis mindestens 2024 weiterbetrieben werden solle. Technisch wäre ein Betrieb der ISS bis 2028–2030 denkbar. Alle beteiligten Länder bemühen sich, den Betrieb bis dahin zu verlängern.
Die ISS kreist in rund 400 km Höhe in etwa 93 Minuten einmal um die Erde.
Die Versorgung der Besatzung mit Lebensmitteln, Frischwasser, Kleidung, Sauerstoff sowie Ersatzteilen wurde bis März 2008 ausschließlich durch russische Progress-Frachter und US-amerikanische Space Shuttles sichergestellt. Dann erfolgte die Versorgung auch durch Europa und Japan.
Der Betrieb der Station ist in derzeit etwa 6 Monate dauernde „Expeditionen" unterteilt. Die Teilnehmer werden „Langzeitbesatzungen" genannt. Es können zusätzliche Kurzzeitbesucher an Bord sein. Seit dem 17. November 2020 ist die ISS permanent mit einer Stammmannschaft von 7 Expeditionsteilnehmern besetzt.

a) *Keine Nation könnte ein solches Projekt allein stemmen. Welche Nationen sind am Bau und Betrieb beteiligt? Recherchiere dazu im Internet und in Büchern.*

b) *Seit wann ist die ISS dauerhaft bewohnt?*

c) *Wie lange braucht die ISS um die Erde einmal zu umkreisen?*

d) *Wer versorgte die Mannschaft auf der ISS?*

e) *Wie viele Leute sind seit 2020 ständig auf der ISS?*

f) *Finde heraus, wie groß die ISS ist. Recherchiere dazu im Internet oder Büchern.*

g) *Wo hat die ESA ihren Hauptsitz? Recherchiere dazu im Internet oder Büchern.*

STATIONENLERNEN GESCHICHTE DER RAUMFAHRT
Kopiervorlagen zum Einsatz in der Sekundarstufe – Bestell-Nr. 12 785

Station – Leben im Weltraum

Lösung

Die Internationale Raumstation ISS

a) Heute sind 16 Nationen an der ISS beteiligt: USA, Kanada, Japan, Russland, Brasilien und zehn Länder der Europäischen Weltraumbehörde ESA: Belgien, Dänemark, Deutschland, Frankreich, Großbritannien, Italien, Niederlande, Norwegen, Schweden, Schweiz und Spanien.

b) Seit dem 2. November 2000 ist die ISS dauerhaft von Raumfahrern bewohnt.

c) Die ISS braucht etwa 93 Minuten für eine Erdumrundung.

d) Seit November 2020 sind ständig 7 Menschen auf der ISS.

e) Erst versorgten die USA und Russland die Mannschaft, dann beteiligten sich auch Europa und Japan.

f) Die ISS hat eine Spannweite von 109 m. Der Rumpf ist 51 m, die Solarmodule 73 m lang. Sie wiegt etwa 440 t, das ist so viel wie 440 Kleinwagen.

g) Die ESA hat ihren Hauptsitz in Paris, hier werden die Beschlüsse für Zukunftsprojekte gefasst. Darüber hinaus hat die ESA jedoch in ganz Europa weitere Zentren mit jeweils verschiedenen Aufgabenbereichen.

Alexander Gerst

Station – Leben im Weltraum

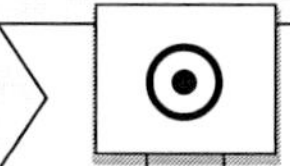

Das Leben auf der ISS

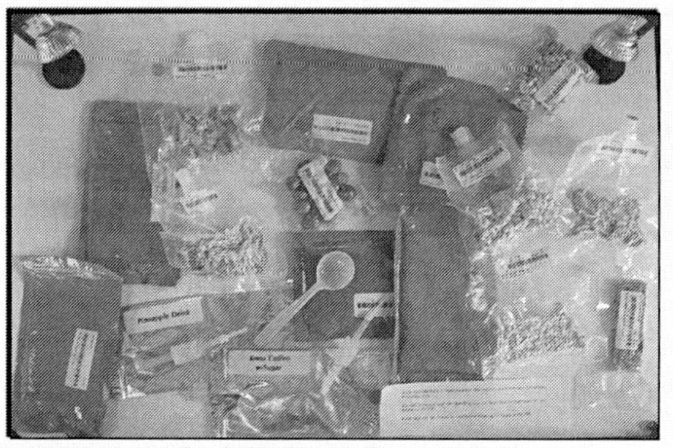

Das Essen soll die Astronauten nicht nur mit genügend Kalorien versorgen. Die Mahlzeiten sind für sie, die weit von ihren Familien und Freunden entfernt sind, wichtige gesellschaftliche Ereignisse. Die Speisen werden speziell zubereitet, damit das Essen nicht vom Teller schwebt. Astronauten können sich ihre Gerichte aussuchen, vorausgesetzt, dass sich die Nährwerte und Kalorien im zulässigen Bereich bewegen. Die Speisetabletts werden für jeden Astronauten auf der Erde zusammengestellt und zur ISS befördert. Die Astronauten verwenden die Tabletts als Teller. Alle Speisen müssen aus einer Tube oder einem Beutel herausgedrückt werden.

Die Astronauten müssen sich waschen, Zähne putzen, auf die Toilette gehen und frische Kleidung anziehen. Aber es schwebt alles umher! Sogar Wasser und Zahnpasta. Die Zahnpasta kann nach dem Putzen heruntergeschluckt werden und der Mund wird dann mit einem nassen Tuch abgewischt.

Wenn aber alles im Weltraum „schwebt", wie geht man dann auf die Toilette? Die Astronauten müssen sich festgurten, um nicht davon zu schweben. Anstelle einer Toilette mit Spülung gibt es hier ein Saugrohr, das die Abfälle in ein Loch zieht.

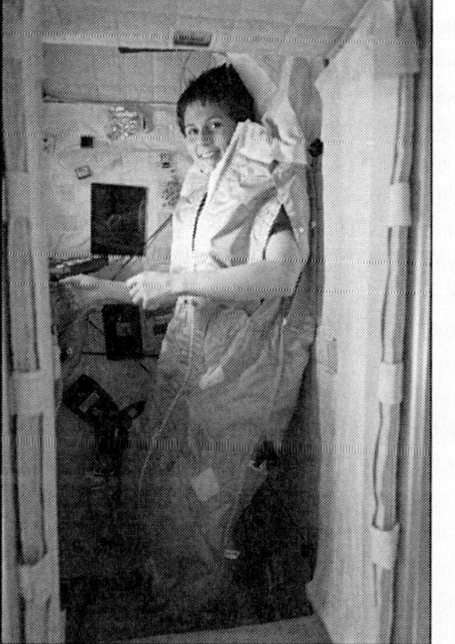

Der menschliche Körper ist auf der Erde an die Schwerkraft gewöhnt. Die Schwerelosigkeit im All macht daher selbst die kleinsten Aufgaben zu einer schwierigen Sache. Sie schnallen den Schlafsack an die Wand, um zu verhindern, dass sie frei schweben und im Schlaf möglicherweise gegen Ausrüstung stoßen.

So müssen sich die Astronauten Zeit fürs Training nehmen, um sich fit und gesund zu halten, damit sie ihre Arbeit auf der ISS ausüben können. An Bord befinden sich ein Laufband und ein Fahrradergometer. Mindestens zwei Stunden täglich müssen die Astronauten trainieren.

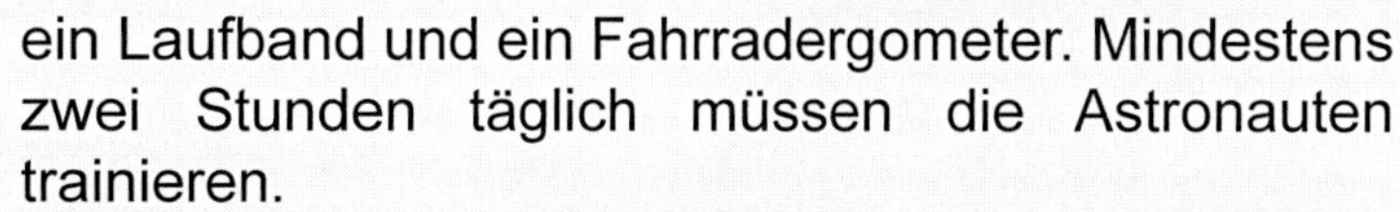

Außerdem gibt es Flaschenzüge und Seile, ähnlich wie in einem Fitness-Studio auf der Erde, mit denen sie Krafttraining durchführen können. All das hilft, ihre Knochen und Muskeln gesund zu halten, was auch wichtig für die Rückkehr auf die Erde ist.

Stelle dir einen Tag auf der ISS vor. Was muss getan werden? Wann gibt es Mahlzeiten? Wann ist Freizeit?

STATIONENLERNEN GESCHICHTE DER RAUMFAHRT
Kopiervorlagen zum Einsatz in der Sekundarstufe – Bestell-Nr. 12 785

Station – Leben im Weltraum

Lösung

Das Leben auf der ISS

Vorschlag:

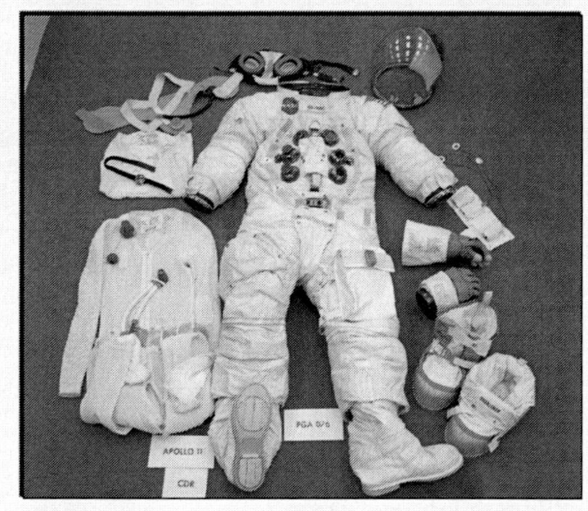

6.00 Uhr: Nach dem Wecken macht man sich zunächst frisch, anschließend wird gefrühstückt. Im Gemeinschaftsraum trifft sich die Crew zu Mahlzeiten und Besprechungen.

7.00 Uhr: Es gibt eine Besprechung mit der Bodenkontrolle. Das macht die US-Bodenkontrolle in Houston (Texas). Dabei wird der Tagesablauf besprochen. Danach stehen alle möglichen Arbeiten an.

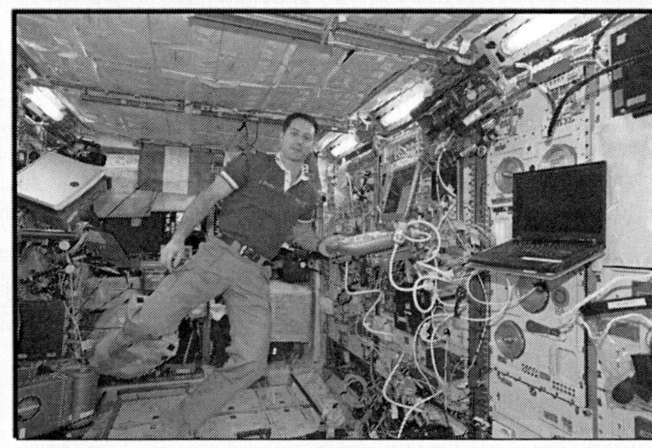

9.00 Uhr: Wartungsarbeiten, Forschungsarbeiten, Experimente und Putzen stehen genauso auf dem Dienstplan wie Müll „rausbringen“ und Außeneinsätze absolvieren.

12.00 – 13.00 Uhr: Mittagspause – Als Gerichte stehen vor allem gefriergetrocknete, verschweißte Speisen sowie Dosenkonserven bereit. Essen gibt es dreimal am Tag und Snacks sind jederzeit griffbereit.
Danach geht's weiter bis abends. Zweieinhalb Stunden am Tag macht man Sport. Das ist wichtig, damit man nicht Muskel- und Knochenmasse verliert.

19.30 Uhr: Feierabend – Nach einem 12 bis 13 Stunden Arbeitstag hat man noch eine Stunde Freizeit für sich selbst. Da kann man mit der Familie telefonieren, aus dem Fenster schauen oder E-Mails schreiben. Diese Zeit geht schnell um und dann ist schon bald Bettzeit.

Neben Haltegriffen gibt es überall Schlaufen, in die Astronauten schlüpfen können, um trotz Schwerelosigkeit an einem Ort zu verweilen. Zum Beispiel, wenn sie arbeiten oder auf die Toilette gehen.

STATIONENLERNEN GESCHICHTE DER RAUMFAHRT
Kopiervorlagen zum Einsatz in der Sekundarstufe – Bestell-Nr. 12 785

KOHL VERLAG

Station – Leben im Weltraum

Die Unterschiede zwischen Erde und Weltraum

Hier findest du verschiedene Punkte, die den Astronauten im Weltall Schwierigkeiten bereiteten. Du findest bestimmt Lösungsmöglichkeiten.

		Erde	Weltall
1	**Temperatur**	Die Temperaturen sind optimal für uns Lebewesen.	Hier herrschen extreme Temperaturunterschiede, bis zu etwa – 270 °Celsius. Umgekehrt ist es in direkter Sonneneinstrahlung extrem heiß, die Temperatur kann da sehr schnell auf über 100 °C steigen.
2	**Wasser**	Auf der Erde ist (noch) genug Wasser vorhanden.	Hier gibt es entweder gar kein Wasser oder es muss erst gewonnen werden (auf anderen Himmelskörpern lagert Wasser eventuell als Eis in Kratern oder in Ozeanen tief unter der Oberfläche).
3	**Die Luft**	Wir sind perfekt an die Luftzusammensetzung angepasst und können frei atmen.	Es gibt hier keine Luft, die wir atmen könnten. In eventuellen Luftschichten auf anderen Himmelskörpern können wir nicht atmen.
4	**Strahlung**	Die dicke Luftschicht und auch das Magnetfeld verhindern, dass uns schädliche Strahlung aus dem Weltall trifft.	Gefährliche UV-Strahlung, Röntgenstrahlung und Gamma-Strahlung dringen ungehindert durch das All und schädigen das Erbgut, wenn sie auf Lebewesen treffen.
5	**Nahrung**	Die Erde bietet uns alles, was wir zum Leben brauchen, und das in reichlicher Vielfalt. Früchte, Gemüse, Getreide, tierische Produkte..	Es gibt hier nichts, wovon wir uns ernähren könnten.
6	**Schwerkraft**	Unser Körper ist auf die Erdanziehungskraft eingestellt, die alles nach unten zieht. Unser Herz z. B. verteilt das Blut und pumpt es dabei auch gegen die Schwerkraft nach oben ins Gehirn	Hier gibt es in Abhängigkeit von der Entfernung zum nächsten Himmelskörper eine geringere Schwerkraft als von der Erdoberfläche gewohnt.
7	**Gefühl und Empfinden**	Wir leben mit Menschen zusammen, die wir mögen und lieben. Jeden Tag treffen wir außerdem viele andere Menschen. Wir können uns frei bewegen und andere Orte aufsuchen.	Menschen in Raumschiffen leben sehr beengt und können nirgendwo anders hin. Bei Problemen miteinander kann man sich nicht aus dem Weg gehen. Der Weltraum ist kalt und dunkel.

STATIONENLERNEN GESCHICHTE DER RAUMFAHRT
Kopiervorlagen zum Einsatz in der Sekundarstufe – Bestell-Nr. 12 785

Station – Leben im Weltraum

Die Unterschiede zwischen Erde und Weltraum

Lösung

		Lösungsidee
1	**Temperatur**	Wenn Astronauten im Weltall aus dem Raumschiff steigen wollen, müssen sie gekühlt werden. Dazu tragen sie spezielle, mit Schläuchen für Kühlmittel durchzogene „Unterwäsche“. Auch im Raumschiff und in der Raumstation müssen konstante Temperaturen herrschen. Ein Ausfall der Klimaanlage ist lebensbedrohlich.
2	**Wasser**	Der gesamte Wasserbedarf muss als Vorrat mitgenommen werden. Es muss sparsam damit umgegangen werden. Ein Mensch benötigt pro Tag mindestens etwa 2,5 l Wasser.
3	**Die Luft**	Bei Weltraumflügen muss genügend Sauerstoff mitgenommen werden. Im Raumschiff muss der Kabinenluft ständig Sauerstoff zugeführt und Kohlendioxid entzogen werden. Ein Mensch verbraucht mindestens etwa 1 kg Sauerstoff pro Tag.
4	**Strahlung**	Astronauten benötigen isolierte Schutzanzüge, wenn sie Außeneinsätze haben oder den Mond betreten wollen. Im Raumschiff oder der ISS sind sie etwas sicherer, aber längst nicht so gut geschützt wie auf der Erde.
5	**Nahrung**	Es müssen genügend Vorräte mitgenommen werden. Astronauten in der ISS müssen regelmäßig mit neuer Nahrung beliefert werden. Es wird daran geforscht, Pflanzen als Nahrungsquelle bei langen Raumflügen mitzunehmen.
6	**Schwerkraft**	Lösungsvorschläge gibt es viele, um geringe Schwerkraft auszugleichen und sie künstlich zu erzeugen. Das ginge bei großen Raumstationen z. B. dadurch, dass man sie rotieren lässt. In der Praxis ist es aber noch nicht umgesetzt worden.
7	**Gefühl und Empfinden**	Vor einer Reise ins All werden die künftigen Raumfahrer vielen psychologischen Tests unterzogen. Sie sollten über eine gefestigte Psyche verfügen und bei Problemen und in Stresssituationen nicht gleich ausflippen, sondern Ruhe bewahren. Per Email und Funk kann mit der Familie Kontakt gehalten werden. Spiele bringen Abwechslung in den anstrengenden Arbeitsalltag.

STATIONENLERNEN GESCHICHTE DER RAUMFAHRT
Kopiervorlagen zum Einsatz in der Sekundarstufe – Bestell-Nr. 12 785
KOHL VERLAG

Station – Die Technik

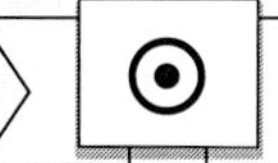

Was ist ein Teleskop?

Das erste Teleskop war das Galilei-Fernrohr, 1608 erfunden und ab 1610 (17. Jahrhundert) von Galileo Galilei weiterentwickelt. Die schärferen Kepler-Fernrohre wurden einige Jahre später gebaut. Über einen gebogenen Spiegel kann man nun ferne Sterne ganz nah sehen. Ein Teleskop sammelt das Licht. So gut kann dein Auge das nicht. Das Okular im Teleskop ist die Linse, die das Licht auf der Netzhaut des Auges bündelt und vergrößert. Schon einfache Teleskope sind viel größer als ein Fernglas. Daher kann man sie nicht in der Hand halten, man braucht einen Ständer, ein Stativ.

a) *In welchem Jahrhundert wurden die ersten Teleskope erfunden?*

b) *Wer hat sie entwickelt?*

c) *Was ist ein Teleskop genau?*

d) *Warum braucht man ein Stativ?*

Station – Die Technik

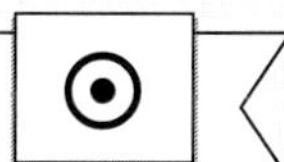

Teleskope

Mit riesigen Teleskopen können die Astronomen ferne Sterne und Galaxien sehen. Teleskope stehen oft auf hohen Bergen. Eine hohe Kuppel schützt das Teleskop. Man kann sie öffnen, um in den Himmel zu schauen. Kuppel und Teleskop lassen sich in jede Himmelsrichtung drehen

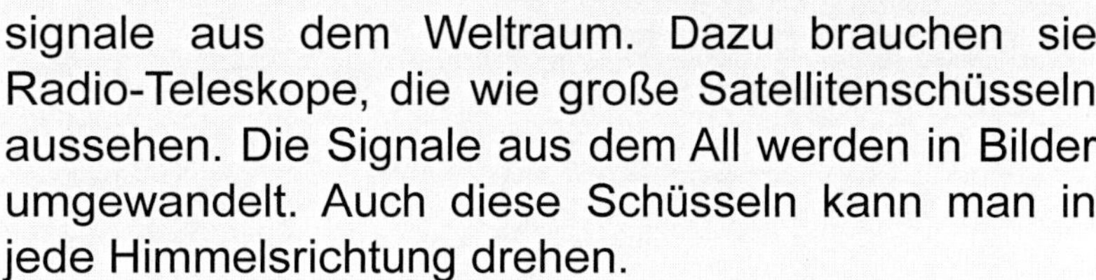

Die Wissenschaftler erforschen auch Funksignale aus dem Weltraum. Dazu brauchen sie Radio-Teleskope, die wie große Satellitenschüsseln aussehen. Die Signale aus dem All werden in Bilder umgewandelt. Auch diese Schüsseln kann man in jede Himmelsrichtung drehen.

a) *Forsche nach und berichte über das größte Teleskop in Deutschland.*

b) *Wo steht das größte Teleskop der Welt?*

STATIONENLERNEN GESCHICHTE DER RAUMFAHRT
Kopiervorlagen zum Einsatz in der Sekundarstufe – Bestell-Nr. 12 785

Station – Die Technik

Lösung

Was ist ein Teleskop?

a) Im 17. Jahrhundert wurden die ersten Teleskope „erfunden“.

b) Galileo Galilei baute die ersten Teleskope.

c) Ein Teleskop ist ein Instrument, das elektromagnetische Wellen sammelt, beispielsweise um weit entfernte Objekte beobachten zu können. Das Okular im Teleskop ist die Linse, die das Licht auf der Netzhaut des Auges bündelt und vergrößert.

d) Teleskope sind viel größer als ein Fernglas, man kann sie nicht in der Hand halten.

STATIONENLERNEN GESCHICHTE DER RAUMFAHRT
Kopiervorlagen zum Einsatz in der Sekundarstufe – Bestell-Nr. 12 785
KOHL VERLAG

Station – Die Technik

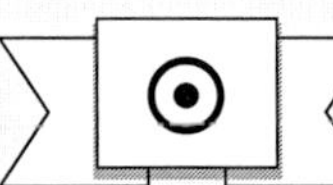

Lösung

Teleskope

a) Mit 100 Metern Durchmesser gehört das Radioteleskop Effelsberg (Kreis Euskirchen, NRW) zu den größten vollbeweglichen Radioteleskopen der Erde. Im Mai 1971 wurde das Radioteleskop eingeweiht. Es war 29 Jahre lang das weltweitgrößte bewegliche Radioteleskop.

b) Das derzeit größte Radioteleskop der Welt ist das RATAN 600. Es steht in Russland bei Selentschukskaja im nördlichen Kaukasus. Das Teleskop hat einen Durchmesser von 576 Metern. Es ist seit 1974 in Betrieb.

STATIONENLERNEN GESCHICHTE DER RAUMFAHRT
Kopiervorlagen zum Einsatz in der Sekundarstufe – Bestell-Nr. 12 785
KOHL VERLAG

Station – Die Technik

Das Hubble-Weltraum-Teleskop

Im April 1990 machte sich das Hubble-Teleskop an Bord der Raumfähre Discovery daran, den Weltraum zu erobern. Einen Tag darauf wurde Hubble bereits im Orbit ausgesetzt. Hubble kreist in etwa 550 Kilometern Höhe um die Erde und beobachtet von dort aus das All. Etwa 1,5 Millionen Aufnahmen von entfernten Sternen und Galaxien hat Hubble bisher gemacht.

Das Teleskop ist nach dem Astronom Edwin Hubble benannt. Es ist ein ziemlicher Koloss: Mit einer Länge von mehr als 13 Metern, einem Durchmesser von 4,3 Metern und einem Gewicht von rund elf Tonnen ist es etwa so groß wie ein Schulbus - der mit 28.000 Kilometern pro Stunde um die Erde rast. Für Astronomen und Astrophysiker liefert das Teleskop, das aus der Zusammenarbeit von NASA und ESA entstanden ist, Einblicke in bislang unbekannte Welten.

Als Ablösung für das Hubble-Teleskop ist das James-Webb-Weltraumteleskop am 25. Dezember 2021 gestartet. Das James Webb-Weltraumteleskop (JWST) ist eine Kooperation von NASA, ESA und der kanadischen Weltraumagentur CSA. Es besitzt einen mehr als fünfmal so großen Spiegel und verfügt besonders im Infrarotbereich über erheblich größere Kapazitäten als Hubble.

Hubble wird aber wahrscheinlich noch bis mindestens 2026 für Forschungszwecke eingesetzt werden können.

Normalerweise gilt: Je größer der Spiegel eines Teleskops, desto mehr Licht kann es einfangen und desto klarer ist seine Sicht. Im Vergleich zu den Spiegeln der Teleskope, die auf der Erde stehen und einen Durchmesser von zehn Metern und mehr haben, ist der Hauptspiegel von Hubble eher klein: Er hat einen Durchmesser von 2,4 Meter. Trotzdem sind die Aufnahmen besser als die von Teleskopen auf der Erde. Denn im All umgeht Hubble ein entscheidendes Problem: die Atmosphäre. Das Weltraumteleskop fliegt über den Luftbewegungen, die die Sicht von irdischen Teleskopen verzerren.

a) *Wann lebte Edwin Hubble und woher stammte er? Recherchiere.*

b) *Welche Organisationen entwickelten das Teleskop?*

c) *In welcher Höhe kreist das Teleskop um die Erde?*

d) *Wie groß ist es?*

e) *Wie groß ist der Spiegeldurchmesser von Hubble?*

f) *Warum liefert Hubble trotzdem bessere Bilder als die großen Teleskope auf der Erde?*

g) *Welches Teleskop ist als Ablösung vom Hubble-Teleskop gestartet?*

STATIONENLERNEN GESCHICHTE DER RAUMFAHRT
Kopiervorlagen zum Einsatz in der Sekundarstufe – Bestell-Nr. 12 785

Station – Die Technik

!

Lösung

Das Hubble-Weltraum-Teleskop

a) Edwin Hubble lebte vom 20. November 1889 – 28. September 1953. Er stammte aus den Vereinigten Staaten.

b) Das Teleskop entstand in Zusammenarbeit von NASA (National Aeronautics and Space Administration) und ESA (European Space Agency).

c) Es kreist in etwa 550 Kilometern Höhe um die Erde.

d) Das Teleskop ist 13,1 Meter lang und hat einen Durchmesser von 4,3 Metern.

e) Der Spiegeldurchmesser beträgt 2,4 Meter.

f) Das Weltraumteleskop fliegt über den Luftbewegungen, die die Sicht von irdischen Teleskopen verzerren. Hubble fliegt über der Atmosphäre.

g) Als Ablösung für das Hubble-Teleskop ist das James-Webb-Weltraumteleskop am 25. Dezember 2021 gestartet.

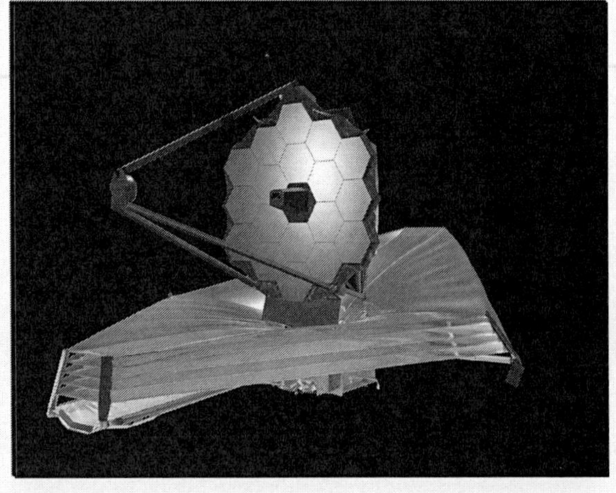

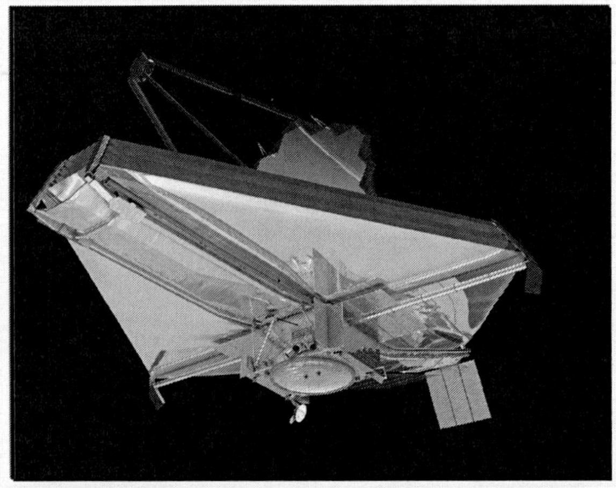

Das James-Webb-Weltraumteleskop
von oben und von unten

STATIONENLERNEN GESCHICHTE DER RAUMFAHRT
Kopiervorlagen zum Einsatz in der Sekundarstufe – Bestell-Nr. 12 785

KOHL VERLAG

Station – Die Technik

3, 2, 1 – Start – Die Rakete

Raketen werden als militärische Waffe, in der Raumfahrt, als Signalrakete oder als Feuerwerkskörper eingesetzt. Eine Rakete in der Raumfahrt muss etwa 40-mal so schnell fliegen wie ein Jumbojet (der fliegt ca. 1.000 km/h), um den Weltraum zu erreichen. Eine einzelne Rakete ist aber nicht stark genug, um ein Raumschiff, eine Sonde oder einen Satelliten zu befördern. Daher haben Raketen 2 oder 3 Stufen, was eigentlich heißt, es sind zwei oder drei Raketen, jede mit einem eigenen Antriebswerk. Wenn die erste Rakete ihren Treibstoff verbraucht hat, fällt sie ab und die zweite wird gezündet. Den letzten Teil des Flugs übernimmt dann die dritte Rakete.
So funktioniert eine Rakete: Treibstoff verbrennt, die heißen Verbrennungsgase strömen mit hoher Geschwindigkeit durch eine Düse und treiben die Rakete nach oben.

a) *Wie schnell muss eine Rakete fliegen, um den Weltraum zu erreichen?*

b) *Was befördert eine Rakete in den Weltraum?*

c) *Was heißt es, wenn man sagt „eine Rakete hat drei Stufen"?*

Station – Die Technik

Weltraumsonden

Eine Sonde ist ein unbemannter Flugkörper, der, im Gegensatz zu Erdbeobachtungssatelliten und Weltraumteleskopen, im Weltraum wissenschaftliche Informationen sammelt und zur Erde zurücksendet. Beispiele sind die Pioneer- und Voyager-Raumfahrzeuge, die von der NASA in den USA gestartet wurden.
Die Sonde enthält wissenschaftliche Instrumente, mit denen Daten aufgezeichnet werden können. Dazu gehören Kameras sowie Sensoren zur Erfassung von Strahlung, Temperatur usw. Die Sonde kann regelmäßig Daten übertragen, oder Forscher können sie regelmäßig zum Herunterladen kontaktieren.

Man kann Sonden nach ihren Aufgaben einteilen.
Erkläre:
Was macht eine Flyby-Sonde, ein Lander, ein Orbiter oder eine Sample-Return-Sonde?
Recherchiere dazu im Internet oder in Büchern.

STATIONENLERNEN GESCHICHTE DER RAUMFAHRT
Kopiervorlagen zum Einsatz in der Sekundarstufe – Bestell-Nr. 12 785

Station – Die Technik

Lösung

3, 2, 1 – Start – Die Rakete

a) Eine Rakete muss etwa 40-mal so schnell fliegen wie ein Jumbojet, also ungefähr 40.000 km/h.

b) Eine Rakete kann eine Raumsonde, einen Satelliten oder ein Raumschiff befördern.

c) Es sind 3 Raketen hintereinander geschaltet. Wenn die erste ihren Treibstoff verbraucht hat, wird die zweite gezündet. Hat auch diese ihren Treibstoff verbraucht, folgt die 3. Rakete.

Station – Die Technik

Lösung

Weltraumsonden

- Flyby-Sonde ist eine Sonde, die einen Planeten oder einen anderen Himmelskörper umkreist und erforscht, ohne dass sie in dessen Umlaufbahn eintritt.
- Ein Lander ist eine Sonde, die auf einem Himmelskörper landet.
- Orbiter sind Sonden, die einen Himmelskörper umkreisen.
- Sampla-Return-Sonden (Probenrückführungssonden) sind Sonden, die Proben eines Himmelskörpers, im Weltraum eingesammelte Partikel oder angefertigte Proben, zur Erde zurückführen.

STATIONENLERNEN GESCHICHTE DER RAUMFAHRT
Kopiervorlagen zum Einsatz in der Sekundarstufe – Bestell-Nr. 12 785

Station – Die Technik

Satelliten

Unter Satelliten (lat. Begleiter) verstehen wir künstliche, von Menschen gebaute Flugkörper. Ein künstlicher Satellit ist eine Gerätekapsel voller wissenschaftlicher Instrumente, die mit Hilfe einer Rakete in eine Umlaufbahn um einen Himmelskörper gebracht wird. Der Satellit umkreist nun für mehrere Jahre z. B. die Erde und arbeitet im Orbit vor sich hin. Satelliten, die die Erde umkreisen, werden auch Erdsatellit genannt. Ein den Mars umkreisender Flugkörper kann auch „Marssatellit" oder „Marsorbiter" genannt werden.
Demgegenüber stehen die natürlichen Satelliten von Planeten, die wir auch als Monde oder Trabanten bezeichnen. Die künstlichen Satelliten dienten der Wetterbeobachtung, der Kartierung der Erdoberfläche, der Höhenmessung, der Untersuchung der Atmosphäre, der Kommunikation, der TV-Übertragung, der Navigation und leider auch der Spionage und anderer geheimer militärischer Aufgaben.

a) *Was ist ein Satellit?*

b) *Nenne den Unterschied zwischen einem künstlichen und einem natürlichen Satelliten.*

STATIONENLERNEN GESCHICHTE DER RAUMFAHRT
Kopiervorlagen zum Einsatz in der Sekundarstufe – Bestell-Nr. 12 785
KOHL VERLAG

Station – Die Technik

Der Sputnik

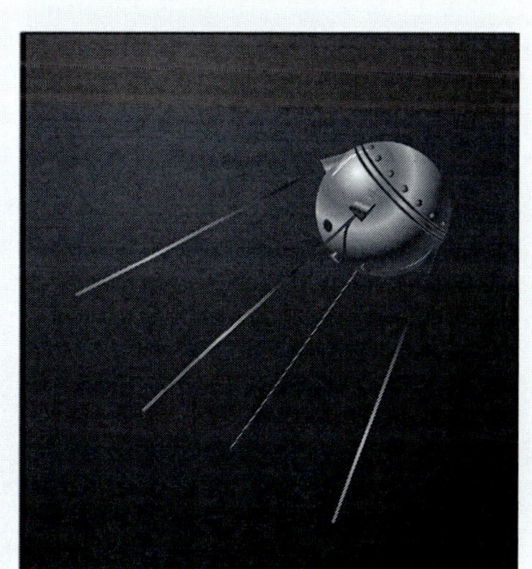

Satelliten gibt es seit nunmehr über 60 Jahre. Den Anfang machte der Sputnik im Jahr 1957, der von der damaligen Sowjetunion ins All geschossen wurde. Das war eine kleine Metallkugel mit vier Antennen, einem Sender und Batterien, der Piepsgeräusche Richtung Erde sendete. Außer Thermometern hatte der kleine Satellit noch keine wissenschaftlichen Instrumente an Bord und erfüllte noch keinen besonderen Auftrag. Sputnik war eine etwa 80 kg schwere Metallkugel mit knapp 60 cm Durchmesser. Er bewegte sich auf seiner Umlaufbahn zunächst in etwa 96 Minuten einmal um die Erde. Er verglühte 92 Tage nach dem Start, als er wieder in tiefere Schichten der Erdatmosphäre eintrat.

a) *Wie schwer und wie groß war der Sputnik?*

b) *Wie lange brauchte er, um die Erde einmal zu umrunden?*

c) *Was hatte er an Bord?*

STATIONENLERNEN GESCHICHTE DER RAUMFAHRT
Kopiervorlagen zum Einsatz in der Sekundarstufe – Bestell-Nr. 12 785

Station – Die Technik

Lösung

Satelliten

a) Ein Satellit (lat. Begleiter) ist ein natürlicher oder künstlicher Himmelskörper, der sich um die Erde oder einen anderen Planeten bewegt.

b) Wir unterscheiden künstliche (von Menschen erschaffene) und natürliche Satelliten. Ein künstlicher Satellit ist eine Kapsel mit wissenschaftlichen Geräten, die von einer Rakete in den Weltraum gebracht wird. Natürliche Satelliten umkreisen die Planeten und werden Monde oder Trabanten genannt.

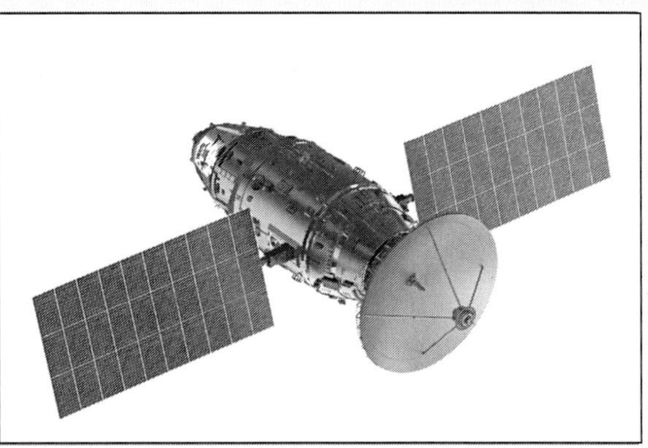

STATIONENLERNEN GESCHICHTE DER RAUMFAHRT
Kopiervorlagen zum Einsatz in der Sekundarstufe – Bestell-Nr. 12 785
KOHL VERLAG

Station – Die Technik

Lösung

Der Sputnik

a) Der Sputnik wog 80 kg und hatte einen Durchmesser von knapp 60 cm.

b) Er brauchte 96 Minuten zur Umrundung der Erde.

c) Er hatte nur einen Sender, Batterien und Thermometer in seiner Kapsel.

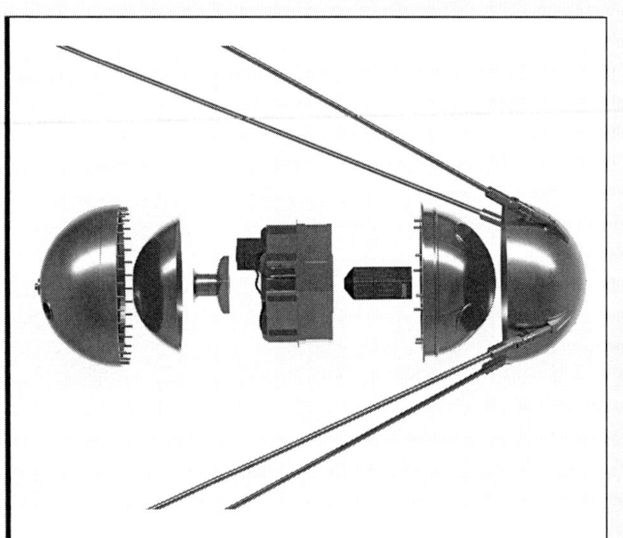

STATIONENLERNEN GESCHICHTE DER RAUMFAHRT
Kopiervorlagen zum Einsatz in der Sekundarstufe – Bestell-Nr 12 785
KOHL VERLAG

Station – Raumfahrtprogramme

Das Apollo-Programm

Das Apolloprogramm begann 1967 mit der Apollo 1 und endete 1972 mit der Apollo 17. Es war ein Raumfahrtprojekt der USA. Es brachte mit den Apollo-Raumschiffen zum ersten Mal Menschen auf den Mond. Das Programm wurde von der NASA zwischen 1961 und 1972 betrieben. Insgesamt haben in den Jahren von 1969 bis 1972 zwölf US-amerikanische Raumfahrer den Mond betreten.

Name	Mondlandung	Aufenthaltsdauer	Astronauten
Apollo 11	20. Juli 1969	21h 36min	Neil Armstrong Edwin Aldrin
Apollo 12	19. Nov. 1969	1 Tag 7h 31min	Charles Conrad Alan Bean
Apollo 14	5. Feb. 1971	1 Tag 9h 30min	Alan Shepard Edgar Mitchell
Apollo 15	30. Juli 1971	2 Tage 17h 54min	David Scott James Irwin
Apollo 16	20. Apr. 1972	2 Tage 23h 2min	John Young Charles Duke
Apollo 17	11. Dez. 1972	3 Tage 2h 59min	Eugene Cernan Harrison Schmitt

Finde die Namen der 12 Astronauten im Gitter!

E	A	U	C	H	A	R	I	F	S	C	O	N	R	A	D
C	L	C	H	A	R	L	E	S	D	U	K	E	B	Y	E
H	A	R	R	I	S	O	N	S	C	H	M	I	T	T	U
M	N	H	O	C	H	T	E	Z	O	D	E	L	V	A	G
E	S	G	E	R	N	J	O	L	S	E	G	A	B	Z	E
C	H	A	R	L	E	J	A	M	E	S	I	R	W	I	N
A	E	M	A	R	Z	W	I	L	L	O	P	M	V	K	E
Z	P	K	A	L	A	N	B	E	A	N	E	S	E	N	C
R	A	P	E	R	N	K	I	O	L	A	S	T	R	N	E
N	R	A	Z	Y	V	E	G	K	U	D	I	R	N	E	R
K	D	A	V	I	D	S	C	O	T	T	E	O	K	I	N
R	E	E	D	W	I	N	A	L	D	R	I	N	O	L	A
S	J	E	G	J	O	H	N	Y	O	U	N	G	E	O	N
E	S	R	E	D	G	A	R	M	I	T	C	H	E	L	L

STATIONENLERNEN GESCHICHTE DER RAUMFAHRT
Kopiervorlagen zum Einsatz in der Sekundarstufe – Bestell-Nr. 12 785

Station – Raumfahrtprogramme

Lösung

Das Apollo-Programm

<table>
<tr><td></td><td>A</td><td></td><td>C</td><td>H</td><td>A</td><td>R</td><td>L</td><td>E</td><td>S</td><td>C</td><td>O</td><td>N</td><td>R</td><td>A</td><td>D</td></tr>
<tr><td></td><td>L</td><td>C</td><td>H</td><td>A</td><td>R</td><td>L</td><td>E</td><td>S</td><td>D</td><td>U</td><td>K</td><td>E</td><td></td><td></td><td>E</td></tr>
<tr><td>H</td><td>A</td><td>R</td><td>R</td><td>I</td><td>S</td><td>O</td><td>N</td><td>S</td><td>C</td><td>H</td><td>M</td><td>I</td><td>T</td><td>T</td><td>U</td></tr>
<tr><td></td><td>N</td><td></td><td></td><td></td><td></td><td></td><td></td><td></td><td></td><td></td><td></td><td>L</td><td></td><td></td><td>G</td></tr>
<tr><td></td><td>S</td><td></td><td></td><td></td><td></td><td></td><td></td><td></td><td></td><td></td><td></td><td>A</td><td></td><td></td><td>E</td></tr>
<tr><td></td><td>H</td><td></td><td></td><td></td><td></td><td>J</td><td>A</td><td>M</td><td>E</td><td>S</td><td>I</td><td>R</td><td>W</td><td>I</td><td>N</td></tr>
<tr><td></td><td>E</td><td></td><td></td><td></td><td></td><td></td><td></td><td></td><td></td><td></td><td></td><td>M</td><td></td><td></td><td>E</td></tr>
<tr><td></td><td>P</td><td></td><td>A</td><td>L</td><td>A</td><td>N</td><td>B</td><td>E</td><td>A</td><td>N</td><td></td><td>S</td><td></td><td></td><td>C</td></tr>
<tr><td></td><td>A</td><td></td><td></td><td></td><td></td><td></td><td></td><td></td><td></td><td></td><td></td><td>T</td><td></td><td></td><td>E</td></tr>
<tr><td></td><td>R</td><td></td><td></td><td></td><td></td><td></td><td></td><td></td><td></td><td></td><td></td><td>R</td><td></td><td></td><td>R</td></tr>
<tr><td></td><td>D</td><td>A</td><td>V</td><td>I</td><td>D</td><td>S</td><td>C</td><td>O</td><td>T</td><td>T</td><td></td><td>O</td><td></td><td></td><td>N</td></tr>
<tr><td></td><td></td><td>E</td><td>D</td><td>W</td><td>I</td><td>N</td><td>A</td><td>L</td><td>D</td><td>R</td><td>I</td><td>N</td><td></td><td></td><td>A</td></tr>
<tr><td></td><td></td><td></td><td></td><td>J</td><td>O</td><td>H</td><td>N</td><td>Y</td><td>O</td><td>U</td><td>N</td><td>G</td><td></td><td></td><td>N</td></tr>
<tr><td></td><td></td><td></td><td>E</td><td>D</td><td>G</td><td>A</td><td>R</td><td>M</td><td>I</td><td>T</td><td>C</td><td>H</td><td>E</td><td>L</td><td>L</td></tr>
</table>

Station – Raumfahrtprogramme

Dr. Wernher von Braun

Wernher von Braun (1912–1977) gehörte zu den ersten deutschen Raketenforschern. Vor und während des 2. Weltkrieges war er an der Entwicklung und am Bau von Raketen beteiligt, die V2 genannt wurden und militärischen Zwecken dienten. Nach Ende des Krieges ging er nach Amerika und wirkte dort in dem Team mit, das für das Mondprogramm verantwortlich war. Das Team ermöglichte es, Menschen zum Mond zu schicken. Brauns größter Erfolg war die Mission Apollo 11, bei der zwei Menschen (Neil Armstrong und Edwin Aldrin) mit einer Mondfähre auf der Oberfläche des Trabanten aufsetzten, ausstiegen und erstmalig die Mondoberfläche betraten.

Erstelle einen kurzen Lebenslauf zu Wernher von Braun: Geburt, Ausbildung, Beruflicher Werdegang, Hochzeit. Recherchiere dazu im Internet oder Büchern.

Station – Raumfahrtprogramme

Rakete Saturn V

Bei der Entwicklung der Trägerrakete nutzte die NASA das Wissen der deutschen Luftwaffe. Unter der Regie von Wernher von Braun entstand eine gewaltige Rakete: die „Saturn V". Mit einer Höhe von über 110 Metern ist sie bis heute die größte Rakete der Welt.
Das dreistufige Trägersystem mit einer Schubkraft von 160 Millionen PS besaß ein Startgewicht von über 2880 Tonnen und erreichte eine Spitzengeschwindigkeit von 39.000 km/h. So konnte die „Saturn" die Astronauten in 60 Stunden zum Mond befördern. Von Dezember 1968 bis Dezember 1972 brachten neun Saturn-V-Raketen 24 Astronauten zum Mond, drei von ihnen je zweimal.

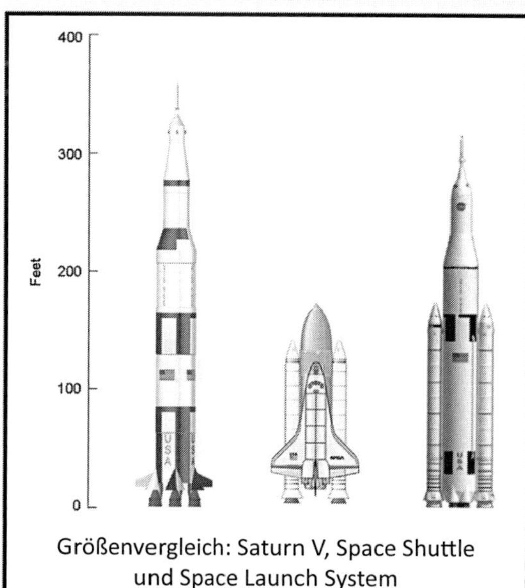

Größenvergleich: Saturn V, Space Shuttle und Space Launch System

a) *Welche Spitzengeschwindigkeit erreichte die Rakete?*

b) *Wie lange brauchten die Astronauten mit ihr zum Mond?*

c) *Schau auf die Grafik und rechne aus, wie lang die Raketen waren. (1 Fuß ~ 0,3 m)*

STATIONENLERNEN GESCHICHTE DER RAUMFAHRT
Kopiervorlagen zum Einsatz in der Sekundarstufe – Bestell-Nr. 12 785
KOHL VERLAG

Station – Raumfahrtprogramme

Lösung

Dr. Wernher von Braun

geboren	23.03.1912
wo	in Wirsitz (Wyrzysk/Polen)
ab 1930	Studium an der Technischen Hochschule Berlin
1937	Karriere im Dritten Reich als Technischer Direktor in Peenemünde
1943	V2 Produktion im Konzentrationslager Mittelbau-Dora
1945	v. Braun wechselt die Seiten
1945/1949	Nürnberger Prozesse
1947	Heirat mit Maria von Quistrop
1947	2. Karriere in den USA: Der Weg zum Mond
1967-1970	Dora-Prozess in Essen, Vernehmung als Zeuge in New Orleans
20. Juli 1969	sein Ziel erreicht: 1. Mensch auf dem Mond
gestorben	16.06.1977

STATIONENLERNEN GESCHICHTE DER RAUMFAHRT
Kopiervorlagen zum Einsatz in der Sekundarstufe – Bestell-Nr. 12 785
KOHL VERLAG

Station – Raumfahrtprogramme

Lösung

Rakete Saturn V

a) Die Rakete erreichte eine Geschwindigkeit von 39.000 km/h

b) Die Astronauten waren in 60 Stunden auf dem Mond.

c) Saturn V ~ 110 m
Space Shuttle ~ 60 m
Space Launch System ~ 102 m
(1 Fuß ~ 0,3 m)

Saturn V beim Start der Mondmission Apollo 11

STATIONENLERNEN GESCHICHTE DER RAUMFAHRT
Kopiervorlagen zum Einsatz in der Sekundarstufe – Bestell-Nr. 12 785
KOHL VERLAG

Station – Raumfahrtprogramme

Das Space Shuttle Programm

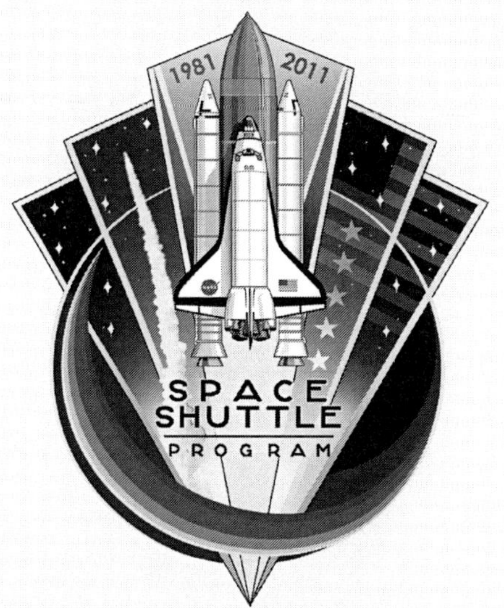

Das Space Shuttle war die bislang einzige für bemannte Raumflüge eingesetzte Raumfähre. Das System wurde seit den 1970er-Jahren im Auftrag der US-Raumfahrtbehörde NASA entwickelt.

Das Space Shuttle konnte sehr vielfältig eingesetzt werden. Typische Aufgaben waren das Aussetzen oder Einfangen von Satelliten, das Durchführen von wissenschaftlichen Experimenten oder Aufbauarbeiten an einer Raumstation, wie der ISS oder früher der Mir. Seit dem Jungfernflug im Jahr 1981 sind sie zu 135 Missionen ins All gestartet.

Am 13. September 1977 startet die Enterprise als Vorläufer und Testmodell für die zukünftigen Space Shuttles. Sie ist das erste Raumfahrtzeug, das wiederverwendbar ist: Im Segelflug gleitet sie zurück zur Erde. Allerdings ist die Enterprise noch nicht weltraumtauglich. Am 12. April 1981 ist es soweit. Als erstes wiederverwendbares Raumschiff startet das Space Shuttle (deutsch: Raumfähre) Columbia der Amerikaner ins All. Ihr folgten Challenger, Discovery und Atlantis sowie die Endeavour. Die NASA benannte die Shuttles, mit Ausnahme der Enterprise, nach berühmten Entdeckerschiffen der vergangenen Jahrhunderte.

Durch die Wiederverwendung der Teile des Systems sollten die Flüge in den Weltraum deutlich kostengünstiger als mit nicht wiederverwendbaren Trägerraketen werden. Diese Erwartung erfüllte sich wegen hoher Instandsetzungskosten nicht. 2011 fand der letzte Flug statt.

Kreuze die richtigen Antworten an. Du erhältst ein Lösungswort.

a) *Wann startete das Space Shuttle Programm?*

im Jahre1981	R	im Jahre 1983	E	im Jahre 2010	D

b) *Zu wie vielen Missionen starteten die Raumschiffe?*

90 Missionen	W	135 Missionen	A	102 Missionen	S

c) *Die erste Raumfähre aus dem Programm war die*

Discovery	J	Challanger	L	Columbia	K

d) *Die Raumfähren wurden entwickelt von*

Europa (ESA)	F	USA (NASA)	E	Roskosmos (Russland)	N

e) *Aufgaben waren*

Satelliten aussetzen	T	Wetterbericht	G	Aufbauarbeiten	E

STATIONENLERNEN GESCHICHTE DER RAUMFAHRT
Kopiervorlagen zum Einsatz in der Sekundarstufe – Bestell-Nr. 12 785

Station – Raumfahrtprogramme

Lösung

Das Space Shuttle Programm

a) *Wann startete das Space Shuttle Programm?*

im Jahre1981	**R**	im Jahre 1983	E	im Jahre 2010	D

b) *Zu wie vielen Missionen starteten die Raumschiffe?*

90 Missionen	W	**135 Missionen**	**A**	102 Missionen	S

c) *Die erste Raumfähre aus dem Programm war die*

Discovery	J	Challanger	L	**Columbia**	**K**

d) *Die Raumfähren wurden entwickelt von*

Europa (ESA)	F	**USA (NASA)**	**E**	Roskosmos (Russland)	N

e) *Aufgaben waren*

Satelliten aussetzen	**T**	Wetterbericht	G	**Aufbauarbeiten**	**E**

Lösungswort: **Rakete**

Station – Berühmte Astronauten

Amerikaner und Russen

Juri Gagarin

Juri Gagarin flog als erster Mensch ins All. Am 12. April 1961 umrundete er in der Raumkapsel Wostok 1 in 108 Minuten einmal die Erde. Bei seinem Flug war er 27 Jahre alt. Er wurde 1934 geboren und lebte in der damaligen Sowjetunion. Ausgebildet wurde er zum Piloten der Luftwaffe. 1968 kam Juri Gagarin bei einem Flugzeugabsturz ums Leben.
Die Erdumrundung genügte, einen atemberaubenden Wettlauf in Gang zu bringen, einen Wettkampf um technische Erfolge im Weltall zwischen den USA und Russland (damals Sowjetunion).

John Glenn

John Glenn umkreiste 1962 als erster Amerikaner die Erde. Er war ein US-amerikanischer Kampfpilot, Testpilot, Astronaut und Politiker. John Glenn war damals 41 Jahre alt. Im Alter von 77 Jahren flog er erneut ins All, diesmal mit dem Space Shuttle Discovery. Damit hält er den Rekord für den ältesten Raumfahrer. 36 Jahre liegen zwischen seinem ersten und seinem letzten Flug ins All.

Neil Armstrong, Edwin Aldrin und Michael Collins

Sie starteten am 16. Juli 1969 und kamen am 19. Juli am Mond an. Michael Collins umrundete mit dem Raumschiff weiter den Mond, während seine beiden Kollegen mit der Mondlandefähre Eagle auf der Mondoberfläche aufsetzten. Beim Ausstieg aus dieser sagte Neil Armstrong den berühmten Satz: „Dies ist ein kleiner Schritt für einen Menschen, aber ein großer Sprung für die Menschheit.“ Neil Armstrong war der erste Mensch auf dem Mond.

a) *Welche Staaten eiferten in der Weltraumfahrt miteinander?*

b) *Wann flog der erste Mensch ins All?*

c) *Wie hieß die Raumkapsel, in der er flog?*

d) *Wer war der erste Amerikaner, der die Erde umkreiste?*

e) *Wer war mit Neil Armstrong 1969 auf dem Mond?*

f) *Wie hieß die Mondlandefähre, die 1969 auf dem Mond landete?*

Station – Berühmte Astronauten

Lösung

Amerikaner und Russen

a) Die USA und Russland (damals Sowjetunion) waren Konkurrenten in der Weltraumfahrt.

b) Juri Gagarin flog am 12. April 1961 als erster Mensch ins All.

c) Die Raumkapsel war die Wostok 1.

d) John Glenn umkreiste 1962 als erster Amerikaner die Erde

e) Buzz (Edwin) Aldrin betrat nach Neil Armstrong als zweiter Mensch den Mond.

f) Die Mondlandefähre wurde Eagle genannt, auf Deutsch Adler.

STATIONENLERNEN GESCHICHTE DER RAUMFAHRT
Kopiervorlagen zum Einsatz in der Sekundarstufe – Bestell-Nr. 12 785

Station – Berühmte Astronauten

Deutsche Astronauten (Raumfahrer) – Eine Auswahl

Die deutsche Raumfahrt hat kein eigenes bemanntes Raumfahrtprogramm. Die deutschen Raumfahrer flogen daher als Besatzungsmitglieder bei Missionen anderer Staaten ins All: mit den Raumschiffen der Sowjetunion (später Russland) sowie mit denen der Vereinigten Staaten.

Siegmund Jähn flog am 26. August 1978 mit Sojus 31 als erster Deutscher ins All. Er wurde 1937 in Sachsen geboren und lebte in der ehemaligen DDR. Er war Offizier und Düsenpilot der NVA-Luftwaffe. Zwei Jahre lang wurde er auf seinen Flug vorbereitet. Er verbrachte dann 1978 eine Woche in der russischen Raumstation Saljut 6 und führte dort verschiedene Experimente durch.

Ulf Merbold (geb. 1941 in Greiz) ist ein deutscher Physiker und ehemaliger Astronaut. Er war 1983 der erste Westdeutsche und zweite Deutsche im All. Merbold war als einziger Deutscher dreimal im All.

Thomas Reiter ist einer von vier Deutschen, die die Raumstation Mir besuchten. Er wurde 1958 in Frankfurt am Main geboren. Er studierte Luft- und Raumfahrttechnik und wurde zum Testpiloten ausgebildet. Am 3. September 1995 startete er an Bord der Sojus zur Raumstation Mir und verbrachte dort 176 Tage. Im Jahr 2006 besuchte er die ISS und verbrachte dort noch einmal 166 Tage im All.

Alexander Gerst (geb.1976 in Künzelsau) ist deutscher Geophysiker und Astronaut. Im September 2009 begann er seine Ausbildung im Europäischen Astronautenzentrum (EAC) in Köln und wurde am 22. November 2010 zum Astronauten ernannt. Am 18. September 2011 nominierte die ESA Gerst für einen Raumflug zur Internationalen Raumstation ISS.

Matthias Maurer (geb.1970 in St. Wendel) ist ein deutscher Werkstoffkundler und ESA-Astronaut. Mit seinem Flug ist er der zwölfte Deutsche, der in den Weltraum gereist ist. Er war vom 11. November 2021 bis zum 5. Mai 2022 auf der ISS.

Siegmund Jähn	Ulf Merbold	Thomas Reiter	Alexander Gerst	Matthias Maurer

Bisher waren 12 deutsche Astronauten im All. Finde die restlichen Namen. Recherchiere.

STATIONENLERNEN GESCHICHTE DER RAUMFAHRT
Kopiervorlagen zum Einsatz in der Sekundarstufe – Bestell-Nr. 12 785

Station – Berühmte Astronauten

! Lösung

Deutsche Astronauten (Raumfahrer) – Eine Auswahl

1. Als erster Deutscher startete **Sigmund Jähn** am 26. August 1978 seine Reise ins All.
2. Der erste Bürger der Bundesrepublik im All war **Ulf Merbold**. Seine erste Mission begann am 28. November 1983.
3. Der Testpilot und Ingenieur für Luft- und Raumfahrt, **Klaus-Dietrich Flade**, flog am 17. März 1992 zur russischen Raumstation Mir und verbrachte dort insgesamt acht Tage.
4. Am 30. Oktober 1985 flog **Ernst Messerschmid**, Physiker, mit Reinhard Furrer mit dem Shuttle „Challenger" ins All.
5. Der Physiker **Reinhard Furrer** bildete mit Ernst Messerschmid das Team der deutschen D1-Mission, die am 30. Oktober 1985 begann.
6. Im Rahmen der D2-Mission mit dem Spaceshuttle „Columbia" startete auch **Ulrich Walter** am 26. April 1993 ins All
7. Der Physiker **Hans Schlegel** gehörte zum D2-Team und flog am 26. April 1993 mit Ulrich Walter ins All.
8. Die erste Reise des Ingenieurs für Luft- und Raumfahrttechnik **Thomas Reiter** begann am 3. September 1995 zur Mir.
   Am 4. Juli 2006 flog Reiter ein weiteres Mal – mit der Discovery zur ISS. Reiter hat 350 Tage im Weltraum verbracht – deutscher Rekord!
9. Mit einer Sojus-Rakete flog **Reinhold Ewald**, auch er ein Physiker, am 10. Februar 1997 zur russischen Weltraumstation Mir und verbrachte dort 20 Tage.
10. **Gerhard Thiele**, ein weiterer Physiker, flog am 11. Februar 2000 mit dem Spaceshuttle Endeavour in eine Erdumlaufbahn.
11. Der Geophysiker und Vulkanforscher **Alexander Gerst** flog am 28. Mai 2014 zum ersten Mal ins All. Mit einer Sojus geht es auf die Reise zur ISS.
12. **Matthias Maurer** startete am 11. November 2021 zur ISS, wo er etwa sechs Monate arbeitet.

Weltraumquiz

Partneraufgabe: *Spiele dieses Quiz mit einem Nachbarn. Verteile dazu die Kärtchen, jedem die gleiche Anzahl. Abwechselnd stellt einer die Frage und der andere antwortet. Die Antwort findet ihr jeweils auf der Rückseite. Viel Spaß dabei!*

1. Wie sieht das geozentrische Weltbild aus?

2. Was verstehst du unter „Sphären“?

3. Welche Entdeckung machte Galilei?

4. Wie veränderten sich die Weltbilder von Ptolemäus und Kepler?

5. Wie weit ist der Mond von der Erde entfernt?

6. Wer war der erste Mann auf dem Mond?

7. Was ist der Unterschied zwischen einem Stern und einem Planeten?

8. Wie groß ist eine Astronomische Einheit AE?

9. Wie groß ist der Durchmesser der Sonne?

10. Welche Planeten unterscheiden wir?

11. Welche Planten sind Gasplanten?

12. Welcher Planet ist Morgen- und Abendstern zugleich?

13. Wie alt ist unsere Erde?

14. Wie heißt die höchste Erhebung in unserem Sonnensystem?

15. Wo befinden sich die Raumsonden Voyager 1 und 2 mittlerweile?

16. Wo liegt der Asteroidengürtel?

17. Wann entsteht eine Sternschnuppe?

18. Wann wurde die NASA gegründet?

19. Was bedeutet ESA?

20. Wer war der erste Mensch im Weltraum und wann war das?

21. Wie hieß die erste Raumstation und wer betrieb sie?

22. Wo liegt der europäische Weltraumbahnhof?

23. Wie lange war die „Mir“ im Weltraum?

24. Wie viele Nationen sind an Bau und Betrieb der ISS beteiligt?

25. Was bedeutet „ISS“?

26. Welches Teleskop ist zur Ablösung des Hubble-Teleskops gestartet?

27. Erkläre, was eine Weltraumsonde ist.

28. Wie hieß der erste Satellit, der 1957 ins All geschossen wurde und von welchem Staat geschah das?

29. Mit welcher Mission betrat der erste Mensch den Mond und wie hieß er?

30. Wann lebte Dr. Wernher von Braun und was war sein größter Erfolg?

31. Wer entwickelte das Space Shuttle Programm und wann war das?

32. Nenne drei deutsche Astronauten!

STATIONENLERNEN GESCHICHTE DER RAUMFAHRT
Kopiervorlagen zum Einsatz in der Sekundarstufe – Bestell-Nr. 12 785

Weltraumquiz

4. Die Erde steht nicht mehr im Zentrum des Alls, sondern die Sonne.	**3.** Galilei bewies, dass sich die Erde um die Sonne dreht und nicht umgekehrt.	**2.** Sphären sind Kugelschalen, in denen die Planeten ihre Bahnen ziehen.	**1.** Das geozentrische Weltbild setzt die Erde in den Mittelpunkt.
8. Eine Astronomische Einheit AE ist 149.597.870 km, ~ 150 Mio km.	**7.** Sterne leuchten von selber, Planeten nur, wenn sie angestrahlt werden.	**6.** Das war der Amerikaner Neil Armstrong.	**5.** Der Mond ist 384.000 km von der Erde entfernt.
12. Das ist die Venus.	**11.** Gasplaneten sind Jupiter, Saturn, Uranus und Neptun.	**10.** Wir unterscheiden die Inneren und die Äußeren Planeten (Gas und Gestein).	**9.** Der Durchmesser der Sonne trägt ~ 1,4 Millionen km.
16. Der Asteroiden-gürtel liegt zwischen den Bahnen von Mars und Jupiter.	**15.** Die Raumsonden sind im interstellaren Raum.	**14.** Olympus Mons auf dem Mars hat eine Gipfelhöhe von 26,4 km.	**13.** Die Erde ist etwa 4,6 Milliarden Jahre alt.
20. Juri Gagarin flog als erster Mensch 1961 rund um die Erde.	**19.** ESA bedeutet European Space Agency.	**18.** Die NASA entstand 1958.	**17.** Beim Eintritt eines Meteoroiden in die Erdatmosphäre kann eine Sternschnuppe entstehen.
24. An Bau und Betrieb der ISS sind 16 Staaten beteiligt.	**23.** Die „Mir“ umkreiste die Erde gut 15 Jahre.	**22.** Der europäische Weltraumbahnhof liegt in Kourou, in Französisch Guyana.	**21.** Die erste Raumstation war die Saljut 1. Sie wurde von den Russen betrieben.
28. Der erste Satellit hieß Sputnik. Er wurde von der Sowjetunion ins All geschossen.	**27.** Eine Weltraum-sonde ist ein unbemannter Flug-körper, der im Weltraum Informationen sammelt.	**26.** Das James-Webb-Teleskop soll das Hubble-Teleskop ablösen.	**25.** ISS ist die Abkürzung für International Space Station, auf Deutsch Internationale Raumstation.
32. z.B. Thomas Reiter, Alexander Gerst und Matthias Maurer.	**31.** Die NASA entwickelte das Space Shuttle Programm in den 1970er Jahren.	**30.** V. Braun lebte im 20. Jahrhundert. Sein größter Erfolg war die Mission Apollo 11 mit der Mondlandung.	**29.** Es war die Apollo 11 Mission. Der erste Mensch auf dem Mond war Neil Armstrong.

STATIONENLERNEN GESCHICHTE DER RAUMFAHRT
Kopiervorlagen zum Einsatz in der Sekundarstufe – Bestell-Nr. 12 785

Lexikon

Apollo	Das Apollo-Programm war ein Raumfahrtprojekt der USA.
Astronaut	Der Astronaut ist ein Raumfahrer.
Astronom	Der Astronom ist ein Sternenkundiger.
Baikonur	russischer Weltraumbahnhof, von Kasachstan gepachtet
Cape Canaveral	amerikanischer Weltraumbahnhof (USA)
ESA	European Space Agency, Europäische Raumfahrtorganisation
Gasplaneten	bestehen überwiegend aus Gasen und liegen außerhalb des Asteroidengürtels.
geozentrisch	die Erde im Mittelpunkt
Gesteinsplaneten	sie bestehen überwiegend aus Gestein und liegen innerhalb des Asteroidengürtels.
heliozentrisch	die Sonne im Mittelpunkt
interstellarer Raum	die Region zwischen zwei Sternen, der Raum dazwischen wird als interstellarer Raum bezeichnet.
ISS	International Space Station, internationale Raumstation
Juri Gagarin	1. Mensch im All, er umrundete die Erde 1961.
Hubble-Teleskop	Weltraum Teleskop, nach Edwin Hubble benannt. Es befindet sich seit 1990 im Weltraum.
Komet	Ein Komet besteht aus Gestein, Staub und Eis. Wenn er sich der Sonne nähert, schmilzt ein Teil des Eises. Dadurch entsteht ein Schweif aus Staub und Dampf, der im Sonnenlicht leuchtet.
Kosmonaut	Je nach Raumfahrtorganisation werden Raumfahrer als Kosmonauten (Sowjetunion, Roskosmos/Russland) oder Astronauten (z. B. NASA, ESA) bezeichnet.
Kosmodrom	Weltraumbahnhof in Russland
Kourou	Weltraumbahnhof der ESA in Französisch Guayana
Mariner	NASA Sonden
Mehrstufenraketen	Sie bestehen aus mehreren aneinander gekoppelten Raketen.
Meteor	= Sternschnuppen, wenn ein Meteoroid beim Eintritt in die Erdatmosphäre verglüht.
Meteorit	heißen die kleinen Objekte im Sonnensystem (Meteoroiden), wenn sie die Oberfläche eines Planeten erreicht haben.
Meteoroid	Ein Meteoroid ist ein kleines Objekt auf einer Umlaufbahn um die Sonne.
Mir	Raumstation (Russland)
Mission	(mit einer Entsendung verbundener) Auftrag, Sendung
NASA	Natinal Aeronautics and Space Administration, amerikanische Raumfahrtorganisation
Neil Armstrong	1. Mensch auf dem Mond, 19/20. Juli 1969
Orbit	Umlaufbahn
Orbiter	Ein Orbiter ist eine Raumsonde, die einen Himmelskörper umkreist.

Lexikon

Planet	Ein Planet ist einer der acht großen Himmelskörper im Sonnensystem, welche die Sonne auf kreisähnlichen Bahnen umrunden.
Raumfahrer	Astronaut oder Kosmonaut, je nach Land
Raumfahrzeuge, Raumschiff	Als Raumschiffe werden alle Fahrzeuge bezeichnet, die zur Fortbewegung im Weltraum geschaffen wurden
Raumsonde	Eine Raumsonde ist ein unbemannter Flugkörper, der zu Erkundungszwecken ins Weltall geschickt wird. Im Gegensatz zu einem (Erd-)Satelliten verlässt sie die Umlaufbahn der Erde und fliegt ein entferntes Ziel im Weltraum an.
Roskosmos	russische Raumfahrtorganisation (Weltraumorganisation)
Saljut 1	erste Raumstation (Sowjetunion/Russland)
Satellit	Ein Satellit (lat. für „Begleiter“) ist in der Raumfahrt ein Raumflugkörper, der einen Himmelskörper – wie einen Planeten oder einen Mond – auf einer Umlaufbahn umrundet. Es gibt künstliche und natürliche Satelitten.
Saturn V	Sie ist eine Trägerrakete der NASA, die Menschen zum Mond brachte.
Sonde	Sonden sind unbemannte, künstliche Flugkörper, die von der Erde aus in den Weltraum gesandt werden.
Sonne	Die Sonne ist kein Planet, sondern der Stern, der der Erde am nächsten ist und den Mittelpunkt unseres Sonnensystems bildet.
Space Shuttle	Das Space Shuttle war lange Zeit die einzige für bemannte Raumflüge eingesetzte Raumfähre. Das System wurde seit den 1970er-Jahren im Auftrag der US-Raumfahrtbehörde NASA entwickelt.
Sphären	Sie sind Kugelschalen, in denen die Planeten ihre Bahnen ziehen.
Sputnik	war der erste Satellit, der 1957 von der damaligen Sowjetunion ins All geschossen wurde.
Sterne	sind selbstleuchtende Objekte im Weltall, die aus Wasserstoff und Helium bestehen. Weil in ihnen ständig Wasserstoff verbrennt, leuchten sie sehr stark.
Teleskop	Ein Teleskop ist ein Instrument, das elektromagnetische Wellen sammelt und bündelt, um z. B. weit entfernte Objekte beobachten zu können.
Voyager	Voyager 1 und 2 (englisch voyager „Reisender“) sind Raumsonden der NASA zur Erforschung des äußeren Planetensystems und des interstellaren Raums.